MUJERES PELIGROSAS

CECILIA ABSATZ

Mujeres peligrosas

La pasión según el teleteatro

Diseño de cubierta e interior: Zky&Sky

(c) 1995, Cecilia Absatz

1a. edición 1995, Editorial Planeta Argentina S.A.I.C.
ISBN 950-742-635-3
2a. edición 2000, Cecilia Absatz
ISBN Nº 987-43-2420-1
Libro de Edición Argentina

Hecho el depósito que prevé la ley 11.723
Printed in the United States of America

A mi hija Julieta,
la alegría de mi vida

Un prólogo, diez años después

Mujeres peligrosas fue escrito en 1995, y aunque el género de la telenovela no es particularmente perecedero, tal vez merezca un comentario que revise sus premisas –las del libro- y haga una reseña de las novedades que se produjeron en este tiempo.

La primera novela importante que se proyectó en Buenos Aires inmediatamente después de la publicación de este libro fue *Café con aroma de mujer*, una producción del año anterior. Entre sus particularidades hay que señalar en primer lugar que la novela venía de Colombia, un país que no figuraba entre los principales productores del género.

Su autor, Fernando Gaitán, era entonces para los argentinos un perfecto desconocido, lo mismo que sus protagonistas, la sugestiva Margarita Rosa de Francisco, en su personaje de Gaviota, y el brasileño Guy Ecker como Sebastián.

Después de haber publicado un libro como éste, que se permite formular una teoría general de la telenovela, con sus propias leyes y moralejas, el análisis de una novela tan exitosa como *Café...* era una prueba difícil. ¿Cumpliría con las hipótesis propuestas en el libro, o estaba yo a punto de pasar un papelón?

Café con aroma de mujer fue en su momento una pieza decididamente original, y no sólo por ser colombiana. Introdujo como marco del relato un elemento económico muy específico: el negocio del café. Este tipo de "realismo" era hasta ese momento propio –y exclusivo- de las telenovelas brasileñas. Pero *Café…* ubicó la historia en una plantación de café, donde Gaviota, desde luego, era una humilde cosechadora y Sebastián, como no podía ser de otra manera, era el guapísimo hijo del patrón.

Desde un ángulo muy actual y específico, entonces, Gaviota transitó todos los pasos clásicos de una heroína: se ganó el amor de Sebastián, el odio temeroso de sus enemigos y el respeto de los magnates del café. Pero sobre todo, encontró en el trayecto su verdadera identidad: resultó ser una mujer muy segura de sí misma, y una pantera para los negocios.

Este libro sostiene que toda telenovela es un mapa de los deseos de la mujer, deseos tan profundos, o tan difusos, que a veces ni ella misma sería capaz de formular. Lo que pasa en *Café con aroma de mujer* es un buen ejemplo, y se reduce a lo siguiente: él es impotente con cualquier otra mujer que no sea Gaviota. Y no es una metáfora ni una manera de decir. Esto podría entenderse no sólo como un deseo más o menos inconfesable de cualquier mujer, sino como la más formidable de las maldiciones.

A partir de *Café…* Colombia se ubicó en un centro incandescente de producción de telenovelas. Cierta sofisticación y modernidad, especialmente en los temas, puso distancia con las novelas latinas tradicionales y las acercó más a las brasileñas. Dentro de la ley estricta del género, los colombianos encontraron un lenguaje cautivador por un costado siempre inesperado.

En 1999 otra novela colombiana llamó la atención del mundo entero: *Yo soy Betty, la fea*, sobre un libro del mismo Fernando Gaitán. Con enorme osadía, *Betty…* rompió con una ley elemental no sólo de la telenovela sino del espectáculo en general: la belleza de la protagonista. Una falsa fea, Ana María Orozco se puso para este papel unos aparatos en los dientes, unas ropas absurdas, anteojos desmesurados y un peinado cruel: en fin, el dibujo habitual de la fea en la televisión.

Pero la inteligencia de esta novela consistió en trasladar el conflicto básico del género -entre ricos y pobres- a un abismo equivalente entre lindos y feos. La fea de esta historia está dotada de una inteligencia superior y una cabeza para los negocios. Es lo que ella tiene de irresistible, y representó una apuesta dramática de enorme audacia. Evidentemente, *Betty…* tocó un nervio de la vida contemporánea, porque su éxito fue inmediato y arrollador.

Colombia es una de las novedades más interesantes que se produjeron en este negocio en la última década. La distribuidora principal es Telemundo, en Miami, y a la cabeza del departamento de drama está nada menos que Delia Fiallo, una de las grandes maestras del género.

Las novelas colombianas más recientes presentan una interesante novedad en cuanto a la construcción de los personajes masculinos. Como se cuenta más adelante en este libro, los personajes masculinos de las telenovelas suelen ser sujetos bastante lamentables. Hay casos en que el protagonista de la novela es un varón, y en consecuencia es el héroe rebosante de virtudes. Pero el galán habitual, en la novela clásica, es casi siempre un sujeto malcriado y débil, protegido por una cuna privilegiada o tiranizado por una madre despótica. Un ser sin voluntad propia, que se cree cualquier embuste, hace las promesas más desatinadas y fatalmente termina casándose con otra.

En novelas más recientes como *Pasión de gavilanes* (2003) y *La tormenta* (2005), las dos ubicadas en un ámbito rural, se produce una novedad: los protagonistas de la historia son los varones, y no las mujeres. Los varones, tres hermanos en la primera y un capataz de estancia en la segunda, son los verdaderos personajes centrales de la pieza, aquellos por cuyo destino el espectador palpita día a día.

Estos varones (Mario Cimarro, Michel Brown, Alfonso Baptista, Christian Meier) tienen unos cuerpos perfectos de lustrosa musculatura, y andan mucho tiempo sin ropa, por ejemplo metidos en baños de espuma, o sacándose la camisa para pelear entre sí. Son hombres notablemente bellos, con una carnadura que antes no tenían: son capaces de cometer errores, tener debilidades, estar confundidos y sufrir depresiones. Pero hay un punto en el que no se equivocan. No tienen duda alguna de lo que significa la masculinidad. Frente a la mujer, cualquier mujer, aunque sea más rica, poderosa o sofisticada que ellos, tienen claro que deben protegerla. *Quieren* protegerla. Y tienen todo ese pecho para hacerlo.

Ya nadie discute la importancia y la influencia de la telenovela aquí y en todas partes. Atenta a esta nueva responsabilidad internacional, las novelas comenzaron a desarrollar con gran pericia el tratamiento de problemáticas sociales, que resultan de gran utilidad como servicio. Mujeres golpeadas, abuso de drogas y alcohol, violencia sexual, problemas de fertilidad, familias amalgamadas, diferencias de edad, de raza o de religión, adopción, alquiler de vientres, homosexualidad, Alzheimer, promiscuidad y delito, todo lo que inquieta o preocupa o simplemente aparece en el mundo actual está tratado en las telenovelas.

La producción mexicana *Mirada de Mujer*, por ejemplo, se atrevió a poner en el lugar protagónico a una mujer de cincuenta años, que no representaba ni un día menos de edad. Esto fue bastante revolucionario, y sedujo de inmediato. Una mujer de cincuenta años y ni siquiera demasiado delgada. Tenia tres hijos grandes y su marido la dejó por una chica joven. *Mirada de mujer* dramatizó por primera vez en un género popular la relativamente reciente cosmovisión feminista, y abrió la puerta del protagonismo a las mujeres maduras, quienes hasta hoy no se han movido de ahí.

Pero como siempre el nivel más alto en la realización de telenovelas lo alcanza Brasil, donde –hay que decirlo– una parte del público comienza a irritarse por el grado de adicción que éstas generan.

En la última década hubo dos producciones –ambas de O globo– que es preciso mencionar: *El rey del ganado* (1996) y *El clon* (2001).

En la primera, sobre una novela de Benedito Ruy Barbosa, se cuenta la historia de una de tantas familias de inmigrantes italianos que llegan a Brasil para cultivar café. Se cuenta con detalle la decadencia del ciclo del café y la diversificación industrial del campo. *El rey...* compone una mística rural y la trabaja con una exquisitez visual infrecuente en la televisión. Un par de generaciones más tarde la novela llega hasta los años noventa, donde uno de los personajes centrales, una muchacha huérfana, se une al grupo de los Sin tierra. El movimiento político pasa a formar parte del relato como si fuera uno más de los protagonistas. Incluso propone en la ficción una marcha de los Sin tierra, el día mismo en que se realiza una marcha descomunal que llega a Río de Janeiro en la vida real. Esto ocurrió el 17 de abril de 1996.

En 2001 se estrenó *El clon*, sobre un libro de Glória Perez, que mostraba con precisión y sin pintoresquismos la vida cotidiana en el mundo musulmán, desde la ciudad de Fez, en Marruecos. El tema oficial era el de la clonación humana, y trabajó los dramas de la filiación desde el universo de la genética. También el mundo de la droga: la novela mostró cómo se forma una adicción, y cómo se combate. El final de esta novela es magnífico y muy literario: la criatura y su creador se pierden en las arenas del desierto, a la manera del final de Frankenstein.

En la Argentina, lo más interesante de la década posiblemente haya sido *Resistiré* (2003), con Pablo Echarri y Celeste Cid, en una producción de Gustavo Marra para Telefé. Sobre un raro tema referido al tráfico ilegal de sangre para experimentaciones más raras todavía, la novela transcurría por el borde del horror, la locura y el crimen. Oscura, perversa y muy atrevida, *Resistiré* elaboró una impronta visual y musical tan exquisita que la puso en un lugar de culto entre un público que nunca antes –y tal vez nunca después- había visto una novela.

La telenovela sigue prosperando. Se la ama en todo el mundo como una fuente de sencilla felicidad cotidiana. Ese conjunto de talento, clasismo y audacia, con una gota de ingenuidad y tontería que es la telenovela, se ha ganado el respeto de la cultura actual, el interés de los teóricos y la devoción del público.

Lo que sigue es un intento de interrogar este fenómeno.

Me hubiera gustado escribir este libro hace unos años, cuando el teleteatro era despreciado hegemónicamente por el cuerpo oficial de la cultura, por los intelectuales, por la izquierda, por las feministas, por los actores y por los mismos directivos de la televisión.

Para el cuerpo oficial de la cultura el teleteatro era —y aún es— un género menor, asociado al melodrama, al folletín, a la lágrima fácil y la realización barata. Es cierto que en la actualidad recibe una atención especial desde su costado semiótico, pero siempre como una curiosidad, casi como un premio a su pertinacia.

Porque el teleteatro lo resiste todo: ha resistido el desdén y la indiferencia. Lo más probable es que sobreviva también a la semiología y la superproducción. A medida que pasa el tiempo, sin embargo, los géneros —todos los géneros— van ganando su lugar dentro del reconocimiento oficial. El teatro mismo fue marginal y sospechoso en su origen: mímica y música primero, y más tarde bufonadas para entretener al rey. Hasta el mismo Shakespeare no hacía otra cosa, en su momento, más que divertir a un pueblo impaciente y gritón. Hoy, sin embargo, la gente respeta el teatro. Lo respeta tanto que no puede evitar cierta engolada impostación al pronunciar la palabra, la voz le sale diferente cuando dice "teatro". Hay cierta enarcación de las cejas, un gesto concentrado, la sombra de una carraspera de preparación. Estamos a punto de decir algo importante. ¿Decimos? Teatro.

Lentamente, los distintos géneros van recorriendo cierto escalafón, superan la prueba del tiempo, pasan de grado y adquieren su lugar en la cultura. La ópera lo hizo, pasó de grado y hoy es Arte con mayúscula. La novela tuvo su momento de gloria en la primera mitad del siglo XX con autores como Proust y Joyce y llegó jadeando a la mitad del siglo con Nabokov. Ahora, sin embargo, está un poquito *faisandée*. Aunque también es cierto que por lo que sea, por veleidad estadística o por la gracia de Dios, perduran autores geniales como la irlandesa Iris Murdoch, y aun aparecen nuevos como el inglés Martin Amis.

Hasta hace un tiempo también la novela policial tenía el lugar marginal que se asocia al puesto de revistas, a la tapa grosera, a la lectura fácil. No es necesario decir que esto cambió radicalmente. La novela policial —en la Argentina más que en otras partes, quizás— se ha ganado un prestigio indiscutido desde hace más de veinte años. Hoy los lectores comentan la novela policial con profundo respeto y las mismas cejas enarcadas de cuando hablábamos de Teatro, aunque pocos puedan citar algún otro autor que no sea Dashiell Hammett o Raymond Chandler. Alguno un poco más conocedor incorpora a Patricia Highsmith y lamenta el deceso de la colección El Séptimo Circulo cuando la dirigía Borges. Pero nunca falta un advenedizo que menciona a Agatha Christie: con eso provoca el súbito desinterés del interlocutor iniciado y así, de un solo golpe, mata la conversación.

¿Dónde íbamos? Sí, la novela policial. Hablar de la novela policial ahora es tan respetable como citar a Eduardo Mallea, digamos, y muchos, confundidos por las listas de best-sellers, se interesan por tremendos pelotazos como P. D. James y se quedan sin conocer a autores como Giorgio Scerbanenco. Pero en lo que concierne a la legalidad cultural, la novela policial no tiene ya que mostrarle documentos a nadie.

Curiosamente, también la novela policial está un poquitín *faisandée*— ya que estoy usando esta expresión, debo decir que es un término gastronómico que se aplica a un alimento cuando está algo pasado de punto, no francamente podrido, no, ni siquiera rancio. Pero un poco demasiado maduro, un punto apreciado en algunas carnes de caza, pero no en los géneros literarios: es soporífero para el lector y mal negocio para el editor.

Me atrevería a decir que lo mismo sucede con la ciencia ficción, otro marginal venido al centro. Los jóvenes de hace veinte o treinta años discutían las novelas de ciencia ficción —que entonces tenían mala fama— con fervor clandestino; con los años ese fervor se convirtió en saber, solvencia, erudición. Ray Bradbury, Stanislav Lem, Lovecraft, Sturgeon tal vez, hoy son candidatos a la ceja enarcada, al engole involuntario de las Grandes Palabras de la Cultura. Pero ¿en qué bar de qué esquina hay jóvenes discutiendo hoy el subtexto político de una fantasía de Ursula K. Le Guin? ¡Vamos! Es mucho más interesante desmontar una versión remixada de un baile popular armenio con acordes de Red Hot Chili Peppers y una remota resonancia de Pink Floyd.

Sí, la ciencia ficción, lo mismo que las policiales y la novela en general está emitiendo ese tufillo a ropa húmeda, a lugar cerrado; el discutible aroma del venado *faisandée*.

Entonces ¿a qué se dedican las editoriales cuando se trata de ficción? ¿Qué es ese movimiento geológico que sube y baja montañas de libros en cuestión de horas en las librerías? ¿Qué le gusta leer a la gente hoy? ¿Dónde está la pasión?

En mi opinión personal, lo que la gente quiere ahora es el horror.

El horror.

Pero no es la misma clase de horror que sugiere Kurtz, el personaje de Joseph Conrad en El *corazón de las tinieblas**.

---

* Uso deliberadamente la palabra sugiere, porque en la novela de Conrad el coronel Kurtz, hundido en la demencia, sólo atina a repetir "El horror, el horror..." Pero es en su versión cinematográfica, la película de Francis Coppola Apocalypse Now, que el personaje encarnado por Marlon Brando desarrolla un discurso con la trascendencia y sentido trágico que el de Conrad permite adivinar, pero no dice. Es un discurso agónico y murmurado, con citas de T. S. Eliot y recuerdos monstruosos entreverados. Y el autor de ese texto es Brando.

No. El de Conrad era el horror de lo primitivo y lo brutal que acecha en el corazón de un continente desconocido: Africa para él, la guerra de Vietnam para Coppola. El horror de nuestros días es diferente.

Por lo pronto no está ennoblecido por guerra alguna, y el género no puede ni soñar con el prestigio de una firma como Conrad. Es más, el principal autor del género, en mi opinión uno de los escritores más irresistibles y —gracias al Cielo— prolíficos de las últimas décadas... bueno, voy a decirlo: uno de los escritores más importantes de los últimos tiempos no tiene todavía prestigio y es más o menos maltratado por la crítica. Me refiero a Stephen King, autor al que aún se margina de las conversaciones de la gola enjuta y la ceja enarcada. Sólo unos pocos intelectuales argentinos —Rodrigo Fresán, por ejemplo— admiten a voz en cuello su admiración por esta vigorosa inteligencia de la ficción moderna. Los demás, cuando lo citan, lo hacen con una especie de traviesa condescendencia, con el tono de quien confiesa un pecadillo.

Más adelante voy a retomar la cuestión Stephen King con el tema de los géneros, porque desde el punto de vista del género, y aunque para muchos esto suene como un sarcasmo cargado de contenido, el teleteatro no está tan lejos del horror.

Las otras instituciones mencionadas más arriba, como los intelectuales y las feministas entre otros, también se sienten ofendidas por el teleteatro, como se verá en su momento. Pero hay que decir que la prensa y los directivos de la televisión han cambiado de actitud. La magnitud internacional del negocio, bastante fulminante por otra parte, le dio al teleteatro un espacio y un interés un poco desproporcionado con la naturaleza del género.

Coppola afirma que le dio completa libertad para componer el personaje como se le diera la gana. Y fue seguramente por el Kurtz de Brando, no por el de Conrad, que la revista Time incluyó esta frase, El horror, el horror..." entre las que usó para definir la década del setenta (7/1/80).

Hoy ya no se hacen novelas, se hacen superproducciones. Ya no se cuentan sencillas historias de amor, se hacen tremendas gestas épicas con profusión de extras y vestidos caros. Las novelas se presentan con grandes fiestas a la manera de las entregas de premios de Hollywood. Se ocupa el horario nocturno de la programación televisiva. Hay mucha expectativa y se gasta mucho dinero.

Al principio esto sonaba como una buena noticia. La Cultura, parece, está reconociendo los méritos del género, comienza a incorporarlo a su cuerpo central y le da la importancia que se merece. Los actores ya no se avergüenzan de ganarse la vida en las tiras, al contrario. Ahora los protagonistas de teleteatro son figuras internacionales y se hacen ricas y famosas mucho más rápido que si hicieran Chejov (o cualquier otra cosa).

Sin embargo, hay algo que no termina de cerrar. Hay algo en la grandilocuencia y el esplendor que no se lleva con la naturaleza profunda del género. Por eso digo que me habría gustado tratar el tema antes, cuando los teleteatros sólo eran modestas historias de amor desarrolladas en decorados precarios y estaban plagadas de errores conceptuales. Cuando sólo se ganaban la adhesión de las mujeres de su casa a la hora de la siesta. Cuando todo el mundo las despreciaba y nadie, más que un suicida social, se habría atrevido a comentar un teleteatro en una reunión mundana.

Ahora es tema oficial y más que bien visto en las reuniones. Todos hablan de Catriel y del personaje de turno de Andrea del Boca. ¿Qué es lo que me preocupa, entonces? Me preocupa que en cualquier momento se oiga una voz engolada. Que en cualquier momento se enarque una ceja.

Yo, que amo el teleteatro desde que el género era un papelón, espero que esto no suceda, que por encima de los negocios internacionales, las superproducciones y las modas, las novelas conserven su naturaleza marginal, que guarden su secreto.

Primera parte

1
¿Qué es un teleteatro?

Esa comedia familiar que se televisa una vez por semana, llena de simpáticos conflictos entre hermanos, abuelos comprensivos y padres rejuvenecidos por los celos ¿es un teleteatro?

No lo es. Aunque las historias tengan continuidad semana a semana, aunque se toquen temas sentimentales y el amor triunfe en ellos montado sobre los valores de la familia, esos programas no son teleteatros. Desde la mitológica *La familia Falcón* (década del 60) en adelante, pasando por *Los hijos de López* (década del 70), hasta las más recientes *¡Grande, Pá!* o *Son de Diez,* el género de estos programas es el de la comedia, o telecomedia, si les gusta más, con ese prefijo televisivo que le da carácter seriado y frecuencia semanal.

Por exigencia de la estructura comercial, en la Argentina estos programas tienen una hora de duración. En Estados Unidos el formato es de media hora, con dos cortes publicitarios y características por lo demás similares. El género allá se llama "sitcom", por *situation comedy*, es decir, una comedia de situaciones, generalmente familiares, muy bajo costo de producción —rara vez salen de la sala familiar— y diálogos brillantes. Sólo que las sitcoms son unitarias, la historia comienza y termina en cada capítulo, y sólo excepcionalmente se extiende a un capítulo doble. Y es notable la riqueza dramática que puede adquirir una historia en apenas media hora, aun en la más modesta de las producciones.

Ese programa semanal un poco más comprometido, con historias fuertes y horario francamente nocturno para proteger al menor ¿es un teleteatro?

No lo es. Acá tenernos asuntos graves, sexo y droga —difícilmente rock and roll—; tenemos la corrupción del poder y el lenguaje de las cloacas. Bien realista. Estos programas también tienen continuidad narrativa semana a semana, y cierto elemento testimonial que entrevera temas de actualidad con la historia de ficción. Incluso cultivan un costado sentimental que de vez en cuando asoma por encima o por debajo de una cama. El bien no triunfa con frecuencia, en cambio prospera el escepticismo y eventualmente algún mensaje moralizador, según sea la ideología del autor.

El formato es de una hora o una hora y media, frecuencia semanal y continuidad temática, y en modo alguno es un teleteatro. A estos programas se les llama "series". En la Argentina de los últimos años el mejor ejemplo es *Zona de riesgo,* de Jorge Maestro y Sergio Vainman, en todas sus versiones.

En Estados Unidos, en cambio, se llama serie a otra cosa. Programas de una hora de duración, por lo general en torno de un personaje, muchas veces policías, como Kojac, o Baretta, o Columbo, o Starsky y Hutch, o Cagney & Lacy, Este fue el formato de oro de la televisión americana durante más de una década: actores excelentes, dirección impecable, libros deslumbrantes. Pero los capítulos no tenían continuidad dramática —a lo sumo algún capítulo doble— y el pivote en torno del cual se desarrollaba la serie era el personaje central.

Cuando la serie tiene un comienzo y un final, y se desarrolla a lo largo de, digamos, trece capítulos, se llama "miniserie". Si hiciéramos una comparación con los géneros literarios, las series parecen colecciones de cuentos y las miniseries serían novelas.

Luego, a comienzos de la década del ochenta, llegó *Dallas* y poco después llegó *Dinastía*. Estas "series" trajeron muchas novedades. La primera fue la continuidad narrativa, y esto las acercó a la miniserie. Pero no eran miniseries porque no tenían un final previsto —de hecho, Dallas duró más de ocho años, para sorpresa de sus productores antes que nadie. *Dallas* y *Dinastía* plantearon cierto parecido a los teleteatros. Pero sólo cierto parecido.

¿Qué es, entonces, un teleteatro? ¿En qué se diferencia de cualquier otra historia más o menos sentimental y continuada que muestre la televisión? Para que un teleteatro sea un teleteatro, tiene que ser gótico. No alcanza con que se cuente una historia de amor: tiene que ser un amor contrariado por ciertos asuntos y no otros. Y no alcanza con que todo se resuelva al final. Tiene que resolverse conforme a ciertas leyes y no otras; leyes que todo autor de teleteatro respeta, ciegamente, intuitivamente, aunque lo más probable es que no tenga idea —ni tampoco le importe— que está obedeciendo los mandatos primordiales del género gótico.

Huérfanos abandonados, paternidades confusas, taimadas amas de llaves, adopciones secretas, horribles malentendidos y asombrosas casualidades no son fallas estructurales o falta de imaginación de los autores. Son leyes, leyes que todo teleteatro cumple, en sus versiones clásicas y también en las más modernas. Es más: si no las cumpliera, si todos fueran hijos de quien se supone que son, si los chicos ricos se enamoraran de chicas ricas y ni siquiera registraran a la humilde mucama, es más, si en la casa no hubiera servicio doméstico, o sólo una señora que va una vez por semana a pasar la aspiradora, entonces no estaríamos viendo un teleteatro sino una telecomedia, o una serie, o una miniserie, o simplemente un error.

2

Ella era buena
y muy pobre

Ella baja por un caminito de tierra de su pueblo natal. Lleva un vestidito floreado y alpargatas inmaculadamente blancas (a pesar de la tierra que levanta al andar). La cara lavada. Ella no conoce el maquillaje como tampoco conoce el Mal. Mira a su alrededor con ojos húmedos, los árboles, las flores, el cielo generoso; sonríe a los pajaritos que la saludan a su paso, podría llamar a cada uno por su propio nombre. Lleva en la mano una valijita de cartón, modesta y digna. Viene desde el fondo de una decisión dramática: está a punto de abandonar el paraíso. Detrás de su insobornable inocencia asoma la tristeza. Llamémosla María, simplemente María, María de lejos, María de nadie, ojos de topacio, corazón de cristal,

Allá, en el rancho o la casucha en que vivía, queda "Mamina", la mujer anciana que la crió y que ya no tiene fuerzas para alimentarla. Digamos también que María ya está en edad de ganarse la vida sola, ya tiene como veinte años. Pero en la villa no hay trabajo si no es como sirvienta en la casa de los amos del pueblo, y Mamina no quiere que María entre como sirvienta en esa casa.

Pero por qué, por qué, protesta María con los ojos húmedos. ¿Qué tiene de malo? Mamina no da explicaciones. No y no. María no entiende la obstinación de Mamina. Recuerden esta cara, porque María se va a pasar buena parte de la novela "no entendiendo" muchísimas cosas.

Todos los demás ya nos imaginamos toda clase, de razones. ¿María será hija ilegítima del Señor? ¿Es por el joven de la casa, ese tarambana? ¿Qué sabe Mamina que nosotros ignorarnos y María ni siquiera sospecha?

María ni siquiera sospecha. Obedece a Mamina y se despide. Las dos son valientes y se aguantan el llanto. María toma su valija y baja por el caminito de tierra que la llevará al micro que la llevará a la gran ciudad. A pesar de la tierra que levanta al andar, sus alpargatas están inmaculadamente blancas.

Esa incapacidad para sospechar que tiene María, esa mirada plena que recuerda a un mar profundo, a un cielo eterno, a un cerebro liso de toda circunvalación, ese atributo de María, por mucho que se parezca a la estupidez, en el teleteatro se llama ingenuidad.

Con muy pocas variantes, la inmensa mayoría de los teleteatros tradicionales va a tener un comienzo como éste, es decir la pérdida del Paraíso una Caída.

Más o menos así empezaba *María de Nadie:* caminito de tierra, vestidito floreado, los pajaritos, el micro que saca a la chica del paraíso y la trae al vientre del Mal que es la gran ciudad. Rosa de Lejos ya vivía en la gran ciudad al comenzar la novela, pero estaba recién llegada de su provincia, y era analfabeta. Topacio fue arrancada de un paraíso modesto y pletórico como los lirios del campo, y era ciega.

El Paraíso no tiene que ser necesariamente un territorio natural, con lagunas doradas y margaritas silvestres. El Paraíso puede ser también la casa paterna cuando los padres son ricos, pero tan severos que no son capaces de comprender y perdonar una indiscreción. Este fue el caso de María Elena en El *derecho de nacer*

Cristal no era ciega ni analfabeta, pero fue criada en un orfanato porque su madre la abandonó al nacer.

El orfanato, a su manera, también puede ser el Paraíso. El Paraíso es cualquier lugar seguro, por sombrío que sea. Incluso la cárcel. En *Dancin'Days,* el lugar desde donde llega Julia (Sonia Braga) a la gran ciudad es la cárcel. Es difícil afirmar, incluso como paradoja, que la cárcel pueda ser el Paraíso. Y sin embargo, aunque está saliendo en libertad después de cumplir una larga condena en la cárcel, la entrada de este personaje a la escena tambíen es una Caída.

Cuando comienza una historia en el teleteatro tenemos una heroína que está en la mala: es pobre, ciega, analfabeta, huérfana o ex presidiaria. Pero acá la clave no es que está en la mala, puesto que podría estar muchísimo peor —que lo estará, sólo espera y verás—. La clave en este punto de la historia, el comienzo, es la Caída del Paraíso.

La pregunta es ¿cómo puede compararse al Paraíso un rancho hundido en la miseria, sólo suavizada por el perfume de alguna magnolia? ¿cómo es posible que lugares como una cárcel o un orfanato puedan entenderse como un Paraíso?

La idea del Paraíso en el contexto de un teleteatro tiene que ver con las reglas del juego. En el rancho, en el pueblo, en la casa de los padres, y especialmente en la cárcel y en el orfanato, la vida podrá tener sus dificultades y amarguras, pero hay algo que no se puede negar: las reglas son claras. En la cárcel debes tender tu cama o recibirás un castigo. En tu casa debes obedecer a tus padres y la sirvienta tenderá tu cama.

Pero estos son ejemplos triviales, Las reglas tienen que ver también con los asuntos más cruciales de la supervivencia: el alimento, el techo, la integridad física. Los cierto es que, por tonta que sea una chica, hay algo que no es dificil de entender: dentro del "Paraíso", si cumples las reglas, sobrevives.

Pero ¿cuáles son las reglas en la Gran Ciudad? El problema con la Gran Ciudad es que no tiene reglas. O no conoces las reglas. O las reglas cambian cada cinco minutos. O se formulan en otro idioma. O cierran al mediodía.

Los parques en la ciudad pueden ser bellos, las tiendas apetecibles, el movimiento embriagador, pero para la chica, para María, para Rosa, Topacio o Cristal la ciudad es la boca del lobo. Es la boca del lobo incluso para Julia, y eso que no es ciega, ni analfabeta. Ni siquiera es demasiado pobre y tampoco es ninguna tonta. Pero estuvo mucho tiempo en la cárcel. Y en la cárcel, ese oscuro Paraíso, se adormecieron sus reflejos urbanos, su talento para sobrevivir. En una ciudad como Río de Janeiro la supervivencia comienza por la capacidad elemental para cruzar la calle en un tránsito endemoniado. De hecho, toda la historia romántica en *Dancin' Days* parte de un accidente de auto. También la historia de *Rolando Rivas, taxista.*

Este es el momento de anotar que en el teleteatro tradicional la protagonista es una mujer. Hay excepciones, claro. Estas no son pocas, pero no dejan de ser excepciones. En la inmensa mayoría de los casos, la heroína central de la historia es una mujer, y ésta es la clave del género.

Voy a tratar de desarrollar una idea que explique la esencia profunda del teleteatro, su constitución química, y tal vez, con eso, una clave posible de su perduración en el tiempo. La esencia del teleteatro está formada por una molécula de naturaleza extensible que contiene, no sabernos bien en qué proporciones, identificación, reivindicación y deseo. Pero no cualquier identificación, no cualquier reivindicación y no cualquier deseo. Acá se trata de la identificación, la reivindicación y el deseo de la mujer.

3

La identificación: encuentra tu Arquetipo

El elemento "identificación" no tiene contenidos políticos. No hay envidia hacia la heroína, no hay celos, no existe el sentido crítico del ridículo —aunque sobren los motivos—. Es un sentimiento puro y visceral de identificación con una problemática inconfesable, vergonzante y fronteriza. La problemática de una mujer perdida en un mundo cuyas reglas no puede manejar.

Bajemos un instante a la vida real.

La mujer puede manejar las reglas del juego social mientras ocupe uno de los lugares disponibles para ella en el Orden Establecido.

Mientras la mujer cumpla con sus cometidos históricos, mientras ocupe su lugar, mientras haga lo que se espera de ella, las reglas estarán claras y sabrá jugar. Tal vez gane, tal vez pierda, lo más probable es que se aburra.

Aburrirse ha sido uno de los cometidos históricos más estables de la mujer en todos los tiempos,

(Es probable que si hiciéramos un rápida recorrida por las mujeres que se destacaron en la Historia, básicamente nos encontremos con mujeres que por una cosa o por otra se han divertido. Y para divertirse tuvieron que hacer cosas extravagantes, como reinar países o pelear en la guerra. También han tenido que pagar costos altísimos.)

Gane, pierda o se aburra, entonces, la mujer estará cumpliendo con su deber.

Qué significa para una mujer cumplir con su deber.

Significa tomar un arquetipo social y encarnarlo.

Tomemos el arquetipo más obvio y popular, llamémoslo A, es el de la mujer que crece en "el seno de una familia" (con perdón de la expresión), termina la escuela secundaria, se pone de novia, prepara su ajuar, se casa con un buen muchacho, tiene un par de hijos, se ocupa de la casa, alimenta a su familia y no tiene más sueños personales que los referidos al bienestar de los suyos de aquí en adelante, por los siglos de los siglos. Esta es la "señora" a la que se refieren los programas femeninos de la televisión, que no ven en su objetivo de mercado ninguna otra cosa que no sea una familia tipo y una problemática exclusivamente doméstica.

El arquetipo doméstico admite una variante más moderna, llamémoslo B: la mujer que hace la misma tarea, pero además trabaja una jornada completa en una oficina, una tienda o una fábrica; gana un sueldo —con el que "ayuda" al ingreso familiar—, y cuando vuelve a su casa, hace todo lo detallado en el arquetipo A.

Si en lugar de casarse, la mujer se dedica a la prostitución desde los diecisiete años, también está cumpliendo con su deber social, también cubre un arquetipo, llamémoslo C. Nuestra chica C a los treinta años puede estar presa por vagancia, regentear un próspero negocio en Punta del Este o tener a su nombre una tarjeta de crédito dorada solo para comprar ropa interior de seda natural. No importa cuál sea su suerte, su ambición o su talento, el arquetipo C es tan clásico, y a su manera tranquilizador como el de doña A.

Por lo general A (lo mismo que B) desprecia a C, pero no le teme. A es Legal, es Decente y Está Casada: la sociedad en su conjunto la respalda. Si vamos al caso, A prefiere creer que C la pasa muy mal, que sus clientes son desdentados y malolientes, que vive humillada y acechada por las enfermedades venéreas. Pero si A llegara a sospechar que C podría incluso divertirse, que está razonablemente protegida en su profilaxis y lo que es peor, que sus "clientes" tal vez le agraden, ahí sí, comenzaríamos a tener problemas con el tema de los Arquetipos. Por ahora dejemos las cosas como están, que ya van a complicarse por sí solas.

Decíamos que A desprecia a C pero no le teme. A le teme a D. Mejor que D, llamémosla O. O de Otra. La mujer a quien A y B temen, desesperada, amargamente, es a la Otra. Y la Otra, aunque parece una transgresora, aunque desobedece sus mandatos, también es un Arquetipo.

La "Otra" es más difícil de caracterizar, pero cumple con algunas leyes más o menos estables: Es soltera, o mejor dicho "sola" (podría ser divorciada o, aunque parezca raro, viuda) (Que las hay, las hay). Es más joven. Es desaprensiva (se ríe de ideas como las de "estar destruyendo una familia"). No tiene várices. Cultiva una imaginación creativa para formular programas divertidos, como hacer un picnic en una plaza. (Claro, no tiene que llevar a la nena al dentista.) Tiene invicto el sentido del romance, el humor rosado y febril de los noviazgos.

La Otra podría ser la mujer a quien el marido de A corteja, o con la que tiene un affaire desde hace ocho meses. Tal vez incluso la ame. Pero además de eso, la Otra es una categoría universal de mujer a quien todas las mujeres odian y temen —incluso las otras Otras—, aunque no tengan que ver con sus maridos en particular.

Volveremos con este tema cuando toquemos el tema de —no podía ser de otra manera— la Malvada.

Sigamos con el tema de los Arquetipos.

Veíamos que en el comienzo de una novela, de todas las novelas, lo primero que sale a la luz como constante, casi diría como Ley, es que se parte de una Caída. La chica tiene que salir del Paraíso. Vimos también que no todo Paraíso es edénico.

El Paraíso, dijimos, es todo lugar, agradable o desagradable, donde las reglas de juego son claras.

Y para una mujer las reglas siempre estarán claras si mantiene una relación armónica con el Arquetipo que le tocó en suerte, es decir, si hace lo que se espera de ella y no se le ocurren cosas raras.

No creo que sea necesario agregar, ahora, que lo que se espera de ella no significa que haga cosas buenas. Significa que haga lo que se espera de ella. Si es una ama de casa tiene que pensar qué va a hacer de comer, y si es una bataclana tiene que ir a probarse sus nuevas pestañas postizas. Acá no hay adjetivación ni calificación moral: hay territorios, pertenencias. Hay Orden.

Lo que plantea el comienzo de un teleteatro, entonces, la Caída, es la Epopeya de una Heroína a la que el Destino pone en una Situación que ella no sabe manejar porque las Reglas de Juego son diferentes.

El abuso de las mayúsculas en el párrafo anterior tiene un criterio meramente operativo. El propósito no es enfatizar los conceptos, sino indicar —a la manera de los diccionarios de sinónimos— que esa palabra tendrá en este trabajo un desarrollo particular. Tal vez, incluso, su propio capítulo.

Otra cosa: voy a permitirme hacer generalizaciones porque el género de marras es propicio. Con esto quiero decir que cuando digo "El comienzo de los teleteatros" me refiero al comienzo de la mayoría, incluso la inmensa mayoría de los teleteatros, aunque no todos los teleteatros. Pero si en cada párrafo me detuviera para aclarar que bueno, que casi, que muchos, que casi siempre o en general, todos perderíamos tiempo, espacio, pero sobre todo paciencia. Dejo en claro, entonces, a partir de acá, que cada afirmación que se haga en este trabajo va a tener un margen respetable de excepciones, como el resto de las cosas de la vida. Pido permiso formal para ahorrarme de ahora en más toda acotación sugerida por la prudencia estadística.

Sigamos con los Arquetipos: con esto hay que ir despacio porque no es sencillo. Hay un libro de Gore Vidal que se llama *Myra Breckindridge, una* novela inesperadamente subida de tono. Porno, diría, si no se tratara de un autor tan prestigioso en las letras estadounidenses. Tan subido de tono es ese libro que son principalmente sus escenas escabrosas lo que la crítica y los circuitos literarios han comentado en su momento (el libro es de 1968) y por lo general pasó inadvertida una idea muy interesante que Vidal propone, La novela gira en torno del mundo del cine, más específicamente del Star System en su época de oro. Su propuesta consiste en afirmar que las "estrellas de Hollywood" no eran más que Arquetipos. El costado romántico cultivado por las revistas de espectáculos parece delinear una aventura épica en la historia de cada actor o actriz: John Wayne o Dorothy Malone, por ejemplo, se presentan como personas que desde niños deseaban ser artistas, y gracias a su talento y perseverancia, finalmente lograban su propósito. La propuesta de Vidal sugiere que la gente no interesaba en absoluto, no existía. Los estudios se manejaban con una carpeta de Arquetipos. Arquetipos y no personalidades. Los actores y las actrices iban encarnando sucesivamente esos espacios, esos esquemas, sin que sus identidades tuvieran importancia alguna. John Wayne, ese rudo hotentote lleno de músculos, peleador y amante del whisky puro, podía ser reemplazado indistintamente —de hecho lo era— por Clark Gable, Errol Flynn, Alan Ladd, o todos los que ocuparon ese rol hasta hoy, es decir hasta Clint Eastwood.

Dorothy Malone no era Dorothy Malone: era una rubia. En toda historia de Hollywood de los años cuarenta hay una rubia, como Lana Turner, Betty Grable o Debbie Reynolds.

Según la teoría de Vidal, el surgimiento de una actriz como Lana Turner, digamos, no obedecía al hecho de que Lana Turner se fue a Hollywood, estudió, hizo pruebas, tuvo suerte, hizo todo lo necesario hasta "triunfar". La idea de Vidal es que el estudio en cierto momento "necesitó" una rubia y alguien trajo a Lana Turner. Fue ella como pudo haber sido Eleanor Parker, Veronica Lake, o Celeste Holme.

La rubia, desde luego, tiene sus subespecies, como la Rubia Peligrosa (Jane Mansfield, Jean Harlow) o la Rubia Tonta, cuya máxima expresión fue Marilyn Monroe. Toda su (corta) vida Marilyn trató de emanciparse de su Arquetipo, el de la Rubia Tonta, que ella consideraba un estigma. Desde esa batalla personal, llena de equivocaciones y barbitúricos, Marilyn se convirtió casi en el Cine mismo: despertó amor, compasión y deseo, fue tema de inspiración, veneración y curiosidad.

Si compramos la idea de Gore Vidal —yo la compro— Marilyn Monroe fue uno de los pocos casos en que la actriz trascendió al Arquetipo, a pesar de que una lectura algo cínica podría entender esa trascendencia como la conjunción de dos Arquetipos: el histórico (Rubia Tonta) sumado al de Víctima de Hollywood, con el que muchísima gente "sensible" parece más que dispuesta a simpatizar.*

INFERIORIDAD DE CONDICIONES

Veamos qué tiene que ver todo esto con el teleteatro. Habíamos dicho, en una frase llena de rimbombantes mayúsculas, que el comienzo de un teleteatro suele ser una Caída, y que la Caída es una Situación que la heroína no sabe manejar porque las Reglas de Juego son diferentes de las que ella conoce.

---

* Lo curioso de este asunto es que, con independencia del amor que se le pueda tener a Marilyn Monroe, al enterarse un poco de su historia personal, surge una razonable posibilidad de afirmar que, mal que nos pese, Marilyn efectivamente era bastante tonta. Por ejemplo: toda su vida adulta trató de ser considerada una actriz seria, se casó con un intelectual respetado, tomó lecciones de actuación en la mejor escuela y luchó para trabajar en películas de primera clase. Pero lo cierto es —dicen— que a la hora de trabajar se hizo odiar por gente como Billy Wilder y John Houston. Fue indisciplinada y caprichosa en la academia de actores de Lee Strasberg, y llegó tarde al estudio (varias horas) cada día de filmación. Hay quienes incluso la acusan solapadamente de la muerte de Clark Gable. Estaban filmando juntos *The Misfits* (Los inadaptados) en un desierto y, agotado por las demoras y las esperas provocadas por la actriz, éste se enfermó y murió poco tiempo después. Ahora bien, si una chica trata de ser una actriz seria, y cuando le toca compartir el cartel con Lawrence Olivier llega todos los días tarde al estudio, podría en un punto razonable considerársela una tonta.

Esto mismo podríamos decirlo de otra manera. Podríamos decir que el teleteatro cuenta la historia de una mujer sacada del contexto que le es propio a su Arquetipo. Una chica de campo en la gran ciudad. Una chica pobre en una casa de ricos. Una chica honrada en una cueva de ladrones. Una chica pura en un mundo corrompido.

En un punto un poco más sofisticado va a haber una molestia secreta, algo que trasciende las tribulaciones propias de la adversidad, algo que va más allá del pan duro, el vestido áspero, la noche helada del invierno. Hay en todo esto, se nota desde el principio, una tácita injusticia. Hay algo en la dignidad de la heroína que denota un error profundo del Destino: ella no debería estar ahí, por lo menos no en ese lugar, vestida de esa forma, en medio de tantas acechanzas.

Y es en esa ecuación misteriosa, la que intenta desentrañar los errores del Destino, que la mujer se identifica de una manera indeleble con la heroína del teleteatro.

La heroína de la historia anda a los saltos por la ciudad. Ella, que conoce cada caminito de su pueblo, cada árbol, cada animalito del bosque, queda petrificada en el cordón de la vereda sin poder cruzar la calle, como los conejos paralizados en la ruta por los faros de los autos. No sabe usar los ascensores. Las puertas giratorias la llenan de terror y las artes mágicas de los aparatos mecánicos la dejan perpleja.

Para muchos podrá parecer una tonta. Todos los demás personajes se mueven cómodamente dentro del territorio natural de su propio Arquetipo: el empresario es severo e indiferente, el policía es suspicaz, el tendero quiere aprovecharse, la prostituta parece un ser áspero pero en el fondo es bondadosa. La heroína llega a la ciudad en medio de un festival de estereotipos. Ella no es, en realidad, una tonta: es extranjera, está en inferioridad de condiciones, porque no conoce las reglas de juego, dijimos, e Incluso porque tal vez sea analfabeta o incluso ciega. Está en inferioridad de condiciones.

Inferioridad de condiciones.

Toda mujer tiende a sentirse en inferioridad de condiciones.

Toda mujer, incluso Carolina de Mónaco, o Lady Di. Madonna se siente en inferioridad de condiciones. Al menos es lo que dice en los reportajes. Es posible que todas las mujeres del mundo se sientan en inferioridad de condiciones menos Margaret Thatcher. Y en todo caso a Thatcher habría que darle la oportunidad de ponerse cómoda, a ver qué dice.

Depende del lugar que ocupe, su profesión, estado civil o nivel económico, la incomodidad, la inferioridad, lo que sea, va a variar de intensidad o naturaleza. Puede ser simplemente porque es fea si se trata de hacer un trámite, o porque es linda si se trata de discutir la producción del uranio enriquecido. Puede ser porque tiene más de veinticinco años si es redactora publicitaria —o casi cualquier otra cosa—, o porque no domina la computadora si trabaja en una redacción periodística. Puede ser porque no encuentra la manera de tener un hijo si es una superestrella de rock, o porque el marido la engaña con otra si es la princesa de Gales.

Esta sensación visceral de incomodidad y desubicación que tiene la mujer, cualquiera sea el mundo en que le toque vivir, es atávica, pero no se remonta al origen de los tiempos. Tiene nada más que dos siglos, la edad de la Revolución Industrial, el momento en que cambiaron las Reglas del Juego, cuando la mujer salió a trabajar fuera de su casa, inauguró su independencia y comenzó su Caída.

Seguramente hay mujeres por ahí que no registran incomodidad alguna, que rechazan de plano toda esta idea de la Caída, que se sienten perfectamente a gusto en la calle, en la oficina, en el restaurante, al volante de su auto. Que alegremente hacen las tareas de su hogar después de haber cumplido una jornada completa en la oficina o en la fábrica. O que no hacen las tareas del hogar porque tienen infraestructura doméstica que se ocupe. Que manejan su empresa y las relaciones con sus pares de igual a igual y sin contratiempos. Que no reciben —o no registran— las bromas sobre su sexualidad, la menstruación y su aspecto físico, cualquiera sea.

Mujeres que no se sienten especialmente hostilizadas ni relegadas ni descalificadas ni maltratadas ni discriminadas, ni siquiera por el mozo de una confitería, cuando se sientan solas a una mesa. (Otras registran cierta aversión de los mozos a las mujeres solas en las confiterías: demoran el doble en atenderlas, y cuando por fin lo hacen, arrojan el café de mala manera —y volcado— sobre la mesa. O por el contrario se enamoran repentinamente de ellas y se quedan para siempre baboseando trivialidades meteorológicas.)

Seguramente hay mujeres, en efecto, que no se identifican en absoluto con idea alguna de Caída, o confusión, o incomodidad. También hay mujeres a las que no les gusta el teleteatro.

Pero muchas otras mujeres sí se sienten objeto de un monitoreo superior y más o menos anónimo, una especie de exigencia de hacer todo bien por las dudas, porque están fuera de lugar, como si estuvieran ocupando el espacio de otro, sin méritos a la vista, o con los méritos demasiado a la vista. Estas mujeres sienten que si un hombre hace algo mal, se trata de un error, pero si una mujer hace algo mal, ella es una estúpida. Si un hombre se enoja es un héroe, pero si una mujer se enoja es una loca. La mujer puede sentirse discriminada por fea, o descalificada por linda (con Marilyn Monroe a la cabeza, como vimos antes, seguida por todas las modelos que estudian teatro y "leen a Sabato").

Si la mujer está —cumpliendo con su Arquetipo— dedicada a las tareas de su hogar y esperando a los chicos para darles la leche, se va a sentir incómoda, *en inferioridad de condiciones,* cuando en la televisión se discuta el aumento del Producto Bruto Interno y su injerencia en la asignación de créditos blandos por parte del Fondo Monetario Internacional.

Si ella está ahí, en la mesa de negociaciones —encarnando un Arquetipo diferente— y es una de las que discute los términos en que se van a formular los contratos, se va a sentir incómoda, *en inferioridad de condiciones,* si algún funcionario hace una broma en alusión a su trasero.

Si no tiene los atractivos que la harían objeto de las bromas masculinas, se va a sentir incómoda, *en inferioridad de condiciones,* cuando la sociedad toda gima y transpire de presunto* deseo ante la sola vista de las modelos de dieciocho años, bellísimas, jóvenes, turgentes, doradas: ese Arquetipo.

La mujer puede no ser celosa ni envidiosa; puede apreciar como cualquiera la belleza ajena y celebrarla. Pero hay en la sociedad una demanda tan tácita como sólida que exige a las mujeres ser bellas y atractivas, y aunque la mujer pueda vivir sin ese don, es la sociedad quien le asesta una mirada de desaprobación, esa indisimulada desilusión que tiene el hombre (la sociedad) cuando en la ventanilla del banco, en el mostrador de la tienda, al volante del taxi, ve que es una y no Claudia Schiffer quien esta vez le tocó en suerte atender.

La mujer, entonces, por una cosa o por otra, en algún momento en particular o todo el tiempo, de manera trascendente o efímera, como sea, se siente en inferioridad de condiciones. Mientras todos se desplazan fluidamente por los despachos de la empresa —y ascienden—, ella parece chocar contra todos los obstáculos, como si fuera en silla de ruedas. Mientras todos saben que el marido es un mujeriego y tal vez un delincuente, ella no ve nada, no ve nada.

Mientras las adolescentes doradas aparecen por todas partes y consiguen lo que sea sólo porque lo quieren, ella tiene que pelear, discutir, soportar insultos y humillaciones, del colectivero y del empleado administrativo también.

---

* Digo "presunto", porque un deseo tan automático, tan hegemónico y tan abstracto como el que los medios y los muchachos del café (que cada vez se parecen más entre sí, los medios a los muchachos del café, digo) expresan a la vista de estas chicas me parece algo sospechoso. Más que el deseo de poseer una chica así, la impresión es que, en realidad, lo que desean es ser como ellas. Tener ese poder.

Las chicas tienen todo, las cabelleras rutilantes, las piernas cimbreantes y cargadas de energía, la proverbial impertinencia de la juventud. Ella tiene un cuerpo maduro y no tiene nada. Es pobre.

Sí, soy consciente de que estoy cayendo en el territorio vulgar de las alegorías. Pero no es mi intención. No es mi intención sugerir que la ceguera de tantas heroínas de teleteatro —ya tocaremos el tema de la vista en los teleteatros— responda mecánicamente a una imposibilidad concreta de ver cosas. El teleteatro ignora las metáforas.

Lo que trato de describir es la sensación básica femenina en el mundo moderno (pos-industrial), que no encuentro otra manera de definir si no es a través de la incomodidad, la confusión, una proverbial —y ya veremos que discutible inferioridad.

En el teleteatro vamos a seguir, capítulo a capítulo, la historia de una vida llena de contratiempos, injusticias, obstáculos, tribulaciones, desgracias e infortunios. Como dije hace un momento, la identificación que se establece con la heroína no es alegórica ni metafórica, ni siquiera racional. Es una identificación simpatética, visceral, que si se parece a algo, se parece a esa sensación que usó una vez J. B. Priestley —un autor un poquito pasado de moda pero muy interesante— para bautizar una de sus piezas: Yo estuve aquí una vez.

La mujer que sigue el teleteatro no se identifica con la ciega porque no ve, o con la catatónica porque no puede moverse; no se identifica con la pobre, la presa, la ofendida y la humillada por motivos mecánicamente trasladados a su propia vida. Pero en un punto de borrosa localización siente eso, yo estuve ahí una vez. Yo sé de qué me están hablando. Entiendo.

Por encima de situaciones a veces ridículas, inverosímiles o conceptualmente equivocadas, o bien por encima de escenas dramáticas de primera calidad, por encima de todo, sin valoración estética, sin crítica ni argumentos razonables, hay una comprensión animal de lo que sucede en la pantalla. Lo que sucede en la pantalla es la historia de una Caída, la ruptura de un Arquetipo, toda la incomodidad, la incertidumbre, la confusión que eso conlleva, eso que pone a la mujer, a cualquier mujer, *en inferioridad de condiciones.*

Aun en el éxito, la mujer se siente, tiende a sentirse, un poco rara, fuera de lugar. Las mujeres que a veces visitan los programas de entrevistas de la televisión, las que suelen aparecer en las revistas femeninas como paradigmas del éxito, constituyen un fenómeno relativamente nuevo.

(Curiosamente muchas de estas mujeres, más de las que se podría suponer, aman el teleteatro, aunque por lo general no tienen tiempo para verlo.)

Ésta de la que hablamos es una mujer activa, segura de sí misma, muchas veces profesional, eficiente, ambiciosa, hedonista, ganadora. Se la ve satisfecha y a gusto, conforme con el precio que debe pagar por el lugar que ocupa.

Pero es interesante el hecho de que todos tengamos muy en claro que la mujer de éxito tiene que pagar un precio, y alto, por el lugar que ocupa. La primera pregunta que se le hace —todavía— es cómo se las arregla para llevar adelante su carrera sin desatender a su familia. (No existe mujer de éxito que no tenga familia que atender.)

Pregunta que, se ha dicho un millón de veces antes, a nadie se le ocurriría formular a un hombre. Porque el hombre, ya sabemos, tiene quien se ocupe de atender a la familia: su mujer.

Entonces ¿qué es lo que se le está preguntando a esa mujer, en realidad? Lo que le están preguntando es cómo diantres hizo para salirse de su Arquetipo, y que a pesar de eso le fuera bien.

Esta mujer de la que hablamos, triunfadora, rica, muchas veces famosa, conforma tal vez el más nuevo de los Arquetipos, y por lo tanto el más interesante, el más abierto, el menos connotado por los estereotipos. Por ahora. Pero hasta que se constituyera en Arquetipo no fue otra cosa más que una Caída. Una Caída para arriba, si se quiere, como el final de todos los teleteatros.

Tal vez sea ésta la razón por las que estas mujeres tan activas y modernas amen el teleteatro, por más que no tengan tiempo para verlo. Porque son las mujeres que abrieron un camino, enseñaron a sus pares a discutir un presupuesto sin aludir a pantorrillas ni traseros, aprendieron a ganar dinero y aprendieron a mandar. Demás está decir que, por satisfechas y bien trajeadas que se las vea ahora en la televisión y en las revistas, las cosas no les han sido fáciles y han transpirado lo suyo.

Una mirada romántica podría ver en este camino algo no muy diferente a la épica de un teleteatro, aunque aquí no estemos hablando de amor, o por lo menos no sólo de amor. Una mirada escéptica podría leer esto como la epopeya de la mujer para ganarse el derecho al infarto, o la socialización del estrés. Lo interesante es ver cómo se ven ellas mismas. Ya no son esas neuróticas malhumoradas del Arquetipo anterior, donde la mujer de éxito era una bruja calzada con zapatos feos pero cómodos.

Dicho de otra manera, el Arquetipo anterior indicaba que el precio del éxito para una mujer era demasiado alto.

Ahora el Arquetipo cambió. Hoy hay zapatos cómodos y divinos. Eso sí, son carísimos.

4

El heredero

Dije más arriba que un teleteatro no es una historia cualquiera de amor, como se lo suele simplificar, sino, básicamente, un relato gótico. Eso no le agrega mucho al género en cuanto prestigio puesto que el gótico tuvo mala fama desde el principio.

Gótico (de Goth, godo) era la palabra con que antiguamente se aludía a lo germánico, lo bárbaro, lo extranjero. Y por extensión —y prejuicio— significaba primitivo, feroz, incivilizado, brutal, que era la opinión que se tenía de los alemanes desde el *establishment* románico.

Como denominación artística no le fue mucho mejor. Gótico es la traducción francesa de la palabra 'tedesco' (alemán), que emplearon los italianos del Renacimiento para caracterizar al arte de la Edad Media, al que juzgaban inferior. Lo curioso del caso es que el arte gótico, en realidad, es de creación francesa, ya que apareció en la Isla de Francia hacia 1125.

Como tantas otras cosas de mala fama, el arte gótico se desparramó rápidamente por toda Francia primero y por toda Europa después. Alcanzó su madurez plena en el siglo XIII, floreció en todo el norte de Europa durante el siglo XV, persistió en Francia hasta 1530 en los edificios religiosos — y ya un poco bastardeado se prolongó hasta el XVII en Alemania. Hay que decir que Italia fue el primer país que lo abandonó.

Para entendernos, digamos que el gótico es antes que nada un estilo arquitectónico. Su hora de triunfo, el siglo XIII, es el momento en que, por primera vez se logra en la Edad Media un sistema social y político coherente. Se establece un dogma religioso y filosófico, cuya expresión máxima se compendia, podría decirse, en la *Suma Teológica* de Santo Tomás de Aquino.

Por primera vez, el centro intelectual de la cristiandad no es Roma sino la Universidad de París (donde enseña Santo Tomás, que es italiano). Los focos intelectuales se desplazan de los monasterios a las universidades.

Aparece el pueblo.

Con el pueblo aparecen las formas populares de la fe, aunque el entusiasmo no disminuye, al contrario, El lugar que antes ocupaba el templo antiguo, ahora lo tiene la Catedral: es el principal monumento de la ciudad. De todas las grandes formas monumentales creadas por las civilizaciones, la catedral es la que mejor expresa el esfuerzo voluntario de una sociedad entera.

Para el espíritu común del siglo XX, que entiende la arquitectura como un oficio más funcional que otra cosa, que llama Arte a los cuadros de Picasso y los versos de Borges, es difícil concebir la arquitectura como un Arte mayor, y sin embargo lo fue durante siglos.

Un interesante crítico italiano (contemporáneo) llamado Federico Zeri, gran iconoclasta de ideas muy independientes, acuñó la idea del arte guía. Él dice que cada época está signada por un arte que conduce a todos los demás. En la antigüedad, afirma, el arte guía fue la pintura y no la escultura, como supone la gente, porque las estatuas estaban pintadas, no eran blancas como las vemos ahora, por el paso del tiempo y el "raspado" de los arqueólogos. En la Italia del siglo pasado el arte dominante fue la ópera y en nuestro siglo es, sin duda, el cine. De la misma manera, dice Zeri, durante el bajo Imperio, la Edad Media y el Renacimiento, el arte dominante fue la Arquitectura.

Es pertinente, creo, establecer la importancia de la arquitectura en la Edad Media, la época en la que surgió el estilo gótico, porque no estamos hablando aquí del mero oficio de construir catedrales, sino del espíritu de una civilización entera que se manifiesta principalmente a través de la fe.

Es la Edad Media, no olvidemos.

Entonces ¿qué hace el gótico? Transforma los techos chatos de las iglesias románicas y los eleva al cielo, como si el edificio mismo fuera una forma de plegaria. Instala las bóvedas. Bóvedas altas, cada vez más altas. En lugar de cargar el peso del techo a lo largo de todo el muro sin interrupción, como en la época anterior, el techo se apoya apenas en cuatro puntos de arranque, y sube al cielo sobre un delicado sistema de nervaduras. Cambia radicalmente el concepto del equilibrio. En lugar de confiar en la resistencia de los muros continuos, ahora se apoya sobre pilares ligeros, se sostiene por sus contrafuertes, y deja que sus ámbitos se abran ampliamente a la luz por grandes aberturas.

Así sobrevienen, a gran velocidad y como movidos por una auténtica fuerza de crecimiento, una enorme cantidad de catedrales que toman un impulso vertical cada vez más vertiginoso, como si compitieran para ver quién llega con sus bóvedas más cerca de Dios. Las bóvedas alcanzan 24, 36, 42 metros de altura. Por fin a un arquitecto se le va la mano cuando construye la catedral de Beauvais, con una bóveda principal de 48,20 m de altura. Terminada la construcción en 1272, la bóveda principal se vino abajo en 1284 y fue preciso reforzar la estructura de todo el edificio.

Un poco más tarde el gótico se traslada a la escultura, y transmite su idealismo a los rostros de vírgenes y cristos, que ahora se muestran más humanos, más serenos, más confortadores. Lentamente, todas las formas del arte van bajando a la tierra los misterios de la creación. El Cielo se vuelve accesible.

Por fin, en el siglo XVIII, el gótico llega a la literatura.

En esa época se había puesto de moda revisar el pasado y se comenzó por el estilo arquitectónico de la Edad Media.

Primero a través de la búsqueda erudita de documentos religiosos. Luego, directamente por el estudio de los monumentos medievales. Hughes, en 1715, estableció un paralelo entre la arquitectura romana y la gótica:

"En la arquitectura romana hay sin duda grandeza y simplicidad; en la gótica encontramos una mezcla de belleza y barbarie."

Diez años más tarde, Pope compara a Shakespeare con un monumento gótico: "una antigua y majestuosa obra de arquitectura gótica ... fuerte y solemne, a pesar de la irregularidad de su estructura, a pesar de sus pasajes oscuros, extraños y vulgares".

Pope no fue el único en analizar a Shakespeare en términos góticos, por su libertad poética y su Imaginación apasionada" con respecto a las leyes clásicas. Pero como dijo Walpole, "un maestro de escuela puede observar las unidades, pero hace falta un poco más de genio para escribir Macbeth".

Horace Walpole (1762) entiende toda la obra religiosa como una estafa de los sacerdotes para favorecer la superstición, pero reconoce que "el más noble de los templos griegos difícilmente produce la mitad de las impresiones que causa una catedral del mejor gusto gótico".

Contra la belleza racional de una arquitectura regular, para él el gótico es una licencia inspirada", una "audacia mágica".

Dice Walpole que los autores de la arquitectura gótica tuvieron "mayor conocimiento de su arte, mejor gusto, más genio, y *comprendieron mejor lo que deseamos imaginar.*

El destacado no es de Walpole sino mío. Quiero señalar esta frase porque creo que contiene uno de los secretos más profundos del teleteatro.

(No crean que me olvidé del teleteatro; ya vamos a llegar.)

Lo cierto es que este mismo Walpole es el autor del primer relato gótico que académicamente registra la literatura, *El castillo de Otranto*, una novela caballeresca llena de ruinas góticas y desordenados pasadizos.

¿Qué fue lo que pasó?

Lo que pasó fue que a esa altura el gótico ya había perdido aquella connotación medieval que lo asociaba con la violencia y la barbarie. Lo que a Pope le preocupaba de Shakespeare, lo oscuro, extraño y vulgar, se convirtió en un mérito literario. Lo que antes se entendía como rudo y brutal, de algún modo se había convertido en la grandeza y la fuerza, los atributos capaces de romper las reglas. Se transformó en el símbolo de lo poético y caballeresco de las Cruzadas, y desde ese lugar heroico y apasionado, con toda naturalidad, el gótico terminó por fusionarse con el romanticismo.

(Por otra parte, la "barbarie" misma es hoy objeto de revisión por parte de una cantidad de autores, que la consideran una rica fuente estética y una influencia interesante dentro de las corrientes artísticas oficiales, hasta ahora más o menos ignorada.)

El *castillo de Otranto* fue publicada en diciembre de 1764, pero los cuentos de fantasmas tienen la misma edad que el tiempo. Lo que hizo el relato gótico fue asumir la herencia más oscura de la antigüedad, y enriquecería con elementos sobrenaturales, mágicos, demoníacos, todo lo que pudiera transmitir las sensaciones, en grado ascendente, de aprensión, incomodidad, miedo, terror y por fin horror, que siente la gente cuando no puede manejar su soledad y su pequeñez frente al universo.

Recordemos que los misterios de la creación habían bajado a la tierra. Que el Cielo se nos había vuelto accesible. En su momento el pueblo estuvo feliz con este acceso a las cuestiones de la fe, pero el Cielo no es ninguna pavada, y los misterios de la creación pueden hacer temblar a cualquiera. Un par de siglos más tarde las letras comienzan a registrar los miedos secretos de la gente y los vuelcan en relatos populares. Es una forma marginal de las letras porque se atreve a nombrar lo que es socialmente innombrable. Por ese motivo, tal vez, prospera en las zanjas y los arrabales, entre los menos afortunados, los que con más frecuencia se sienten solos y desamparados frente al universo.

Los que están incómodos, *en inferioridad de condiciones*.

Eso no impide que los autores góticos no sean verdaderos artistas y poetas. Desde el mundano Walpole, hasta Mary Godwin Shelley —la esposa del poeta—, autora de *Frankenstein*, consagrada a través del tiempo como una de las historias de horror más clásicas y vigentes hasta el día de hoy.

A la vuelta del siglo, en el XIX, aparecieron autores como Robert Louis Stevenson *(Dr. Jekyll y Mr. Hyde)*, Sir Arthur Conan Doyle *(Sherlock Holmes)*, Ambroce Bierce, Hawthorne, Dickens, las hermanas Brontë y el indiscutido Edgar Allan Poe.

Sin embargo, sería simplista caracterizar este género sólo a través de lo sobrenatural, lo misterioso y lo macabro.

Más justo sería anotar que lo sobrenatural, lo misterioso y lo macabro formaron parte de una configuración mucho más compleja que se relaciona, en verdad, con los elementos de la naturaleza, con los atributos humanos, la inspiración, la imaginación, el sentimiento, la clase de avatares que la filosofía clásica despreciaba.

Por cierto, si lo sobrenatural y lo macabro ocuparon un lugar dentro del género, no fue precisamente el más halagador. Si lo compararnos con una casa, debe haber sido el sótano, o el altillo, el cuarto que habitualmente aparece en los textos traducidos como ático.

En cualquier caso, es un cuarto que está en el piso superior de la casa, y sirve —como los sótanos— para guardar todo lo que no se usa pero nadie se decide a tirar. (Lo que con más frecuencia se guarda en el ático de las novelas góticas es a una loca furiosa que la familia oculta por vergüenza.)

El sótano y el altillo son elementos muy frecuentes en las novelas góticas, indispensables. Y también castillos o monasterios embrujados, pasadizos secretos, cuartos clausurados, puertas-trampa, habitantes misteriosos, murciélagos, almas en pena, telas de araña, sórdidas amas de llaves y, como ya dijimos, mujeres locas.

Pero esto es lo que se escondió en el sótano. O en el altillo. La casa entera, el género gótico, era mucho más que eso.

Después de la gélida perfección del pensamiento clásico, el gótico es históricamente el primero que se permitió, como define Walpole, "cultivar los sentimientos, estimular la filantropía, exaltar las relaciones personales y domésticas, el fervor religioso y el culto del espíritu".

Esta definición le calza como un guante a los teleteatros. Lo mismo que la poesía y en general las letras del preromanticismo, los teleteatros rompen con las reglas clásicas, rompen con la sensatez en general, y hacen una entrada triunfal al imperio de los sentimientos. Las historias no se apoyan ya, como los techos románicos, sobre la sólida consistencia de los muros. Ahora sus puntos de apoyo son ligeros: parten de unos cuantos asuntos básicos y se elevan en una compleja red de nervaduras argumentales, en apariencia insensatas. Pero no son insensatas.

"Si se juzga la arquitectura gótica según las leyes griegas, sólo se encuentra en ella lo deforme; pero si se examina lo gótico según sus propias leyes, el resultado es completamente distinto", dice el crítico de arte Lionello Venturi, El teleteatro hay que juzgarlo según sus propias leyes, y creo que hay un sentido en el sinsentido, el disparate y el desvarío que hipnotiza al espectador, lo divierte y lo subyuga, aunque a veces también lo encoleriza.

Más allá de la herencia estructural y de los elementos constitutivos, el teleteatro heredó el lugar gótico de la fe popular, resume esa misma "mezcla de belleza y barbarie", esa "mágica audacia", ese clima de epopeya romántica y heroísmo. Pero sobre todas las cosas hace lo mismo que anota Horace Walpole con respecto a las catedrales: *comprende mejor lo que queremos imaginar*

Voy a tratar de analizar, paso por paso, cómo el teleteatro recupera estos elementos, que le llegan intactos desde el radioteatro, que a su vez lo hereda del folletín por entregas que venía impreso.

Lo mismo que el relato gótico del siglo XVIII, el teleteatro prospera en los arrabales de la programación televisiva: se lo concentra en un horario de escaso interés comercial, todos se avergüenzan de él y la cultura oficial lo ignora. Lo mismo que el relato gótico, el teleteatro —en el ritmo histórico actual, mucho más vertiginoso— cambia su signo vergonzante por el horario central de la televisión y se convierte en asunto de interés internacional, si no para la cultura oficial, al menos para las empresas productoras.

Pero es en la frase de Walpole, la que se refiere a lo que *queremos imaginar,* donde creo que se localiza el secreto de esta pasión latina.

Porque es una pasión latina. La primera, tal vez, que pudimos exportar al mundo entero y convertirla en divisas.

LOS OJOS AMARILLOS DE DIANA SALAZAR

México, época medieval.

Los ojos se le ponen amarillos cada vez que tiene una visión, y se echa a temblar porque no tiene control sobre esas imágenes. Ella es inocente, es la víctima de un don no deseado, pero nadie le cree. Sólo Él le cree, el prestigioso diplomático extranjero que la ama. Su enemiga, una morocha malísima a quien el prestigioso diplomático extranjero no le da ni la hora, la denuncia a los funcionarios de la Inquisición y esa gente, ya sabemos, se la pasa quemando brujas en la hoguera. Él es poderoso y trata de salvarle la vida, pero las cosas se ponen feas. Él tiene que desdecirse públicamente o lo queman también. Él sigue adelante, no se amilana ante la muerte porque... ¿qué es la vida sin Ella? Ambos arden en la hoguera mirándose a los ojos.

Ahora estamos en la actualidad. Ella es una chica modesta y buena a la que de vez en cuando se le ponen los ojos amarillos y tiene visiones. En un instituto de investigaciones extrasensoriales estudian sus aptitudes, y uno de los directivos la corteja, quiere casarse con ella. Es un rico pibe, pero Ella ama a un arquitecto argentino contratado por el mismo

instituto. La doctora que hace las investigaciones está enca‐
prichada con el arquitecto, así que estamos en problemas. Sí,
adivinaron, la doctora es la morocha malísima que la perju‐
dicó unos siglos atrás.

La gente del instituto es mala y quiere usar los poderes de
Ella para el Mal. En un punto de la historia las parejas que‐
dan cruzadas, la doctora morocha y malísima con el arquitec‐
to argentino, y Ella con el directivo, que es un rico pibe, aun‐
que Ella no lo ama. Ella lo ama a Él, el arquitecto. Ambos se
recuerdan de un amor anterior porque sus almas vienen uni‐
das desde el pasado y enlazadas para siempre por el fuego.

5

Ahí viene
Scarlett O'Hara

Vimos antes que en el edificio gótico conviven —en diferentes lugares de la casa— las historias de fantasmas con las aventuras de hidalgos caballeros. En el teleteatro pasa más o menos lo mismo. Sólo que el fantasma, en lugar de aparecer arrastrando cadenas o cubierto por una sábana, es uno de los personajes amables de la historia que se presentan no para dar miedo sino para consolar y reparar.

En su libro *Fantasy: literatura y subversión,* Rosemary Jackson lo dice de un modo más académico: "Podría decirse que (el gótico) tiene que ver con una lenta disminución de la fe en el sobrenaturalismo. ... La incorporación de agentes sobrenaturales —fantasmas, magia, animismo— que colaboran con los asuntos humanos para restaurar la justicia y el orden moral, revela el anhelo por un orden social idealizado que reemplace al que estaba en proceso de destrucción por el capitalismo emergente."

En Andrea Celeste, el fantasma aparece como una imagen translúcida y flotante: es la madre de la niña, que murió hace muchos años, y se le presenta en la intimidad de su cuarto. La niña, representada por Andrea del Boca a los ocho o nueve años, dialogaba con el espíritu de su madre más fluidamente que Hamiet cuando se encuentra en palacio con el espíritu de su padre. A Hamlet le sorprende y asusta la aparición; a Andrea Celeste le parece perfectamente natural.

En *Perla negra,* estrenada en 1994, el personaje de Andrea del Boca, Perla, habla con el espíritu de su amiga muerta, Eva, con tal naturalidad que en una ocasión, contándole sus planes, llega a decirle, *al espíritu:* "No me pongas esa cara". Le habla mirando hacia arriba, como si la amiga estuviera acompañándola desde una esquina del cielorraso.

En los teleteatros es frecuente la adivinación y la magia. Tiradoras de cartas, lectoras de café, videntes, mediums e intuitivas florecen hasta en los teleteatros más sofisticados. Aun los más modernos incluyen brujas con sus correspondientes ritos: invocaciones y túnicas, velas y azufre, todo menos la escoba. Las historias de gitanos no se privan de usar incluso la bola de cristal.

Pero estos son los accesorios, los clásicos recovecos del gótico, la decoración. (Que analizaremos a su tiempo dentro de los parámetros del relato fantástico.)

La historia central del teleteatro se relaciona con lo que antes eran las aventuras épicas de hidalgos caballeros, y hoy es lo mismo, sólo que el hidalgo caballero es una mujer.

Aunque resulte una afirmación obvia, redundante y aparentemente innecesaria, quiero destacar (otra vez) que la protagonista del teleteatro es una mujer.

Porque esto no es una casualidad, ni una curiosidad, ni una eventualidad. Aunque existen abundantes excepciones —algunas históricas, como *Rolando Rivas, taxista,* de Alberto Migré—, el protagonismo de la mujer tiene que ver con la naturaleza misma del género. Es su verdad y su razón de ser. El protagonismo femenino de los teleteatros es una de las escasas —y secretas formas de reivindicación femenina que propone la cultura moderna.

Es tan secreta, por otra parte, que las mismas feministas deploran el género y lo consideran facilista y ofensivo para la mujer. Consideran ofensivo, entre otras cosas, que la protagonista del teleteatro sea mostrada como una estúpida.

Como intenté demostrar más arriba (espero que con algún éxito) la protagonista no es una estúpida, por mucho que lo parezca y actúe como tal. La protagonista es una heroína arrancada de su ámbito natural y arrojada a un medio diferente, infinitamente más complejo y peligroso, en el que tiene que sobrevivir con las únicas armas que tiene, que son, a su vez, los atributos que la ponen en una situación de peligro perpetuo, lo mismo que una presa de caza. Estos atributos son su juventud, su belleza y su virtud.

Esto no impide, naturalmente, que la heroína de un teleteatro sea *además* bastante estúpida. Pero tal eventualidad ya no responde a una ley propia del género sino a la pericia o impericia de los autores de los libros a la hora de plantear su personalidad dentro de la historia. En cuanto al género, la protagonista se verá tan tonta como un zulú primitivo abandonado frente a una computadora en una oficina del Wall Street a la hora de cierre de los mercados. O como una adolescente samoana, arrancada de su isla en el Pacífico y arrojada así nomás, casi en cueros, en la fiesta de cumpleaños de la Reina Victoria de Inglaterra.

Quien haya visto una razonable cantidad de teleteatros sabrá que estas imágenes no hacen más que exagerar un poco la estructura básica a la que nos vamos a enfrentar.

La chica pobre, ciega, analfabeta, buena, *buena,* que llega sola a la ciudad.

Ella va a pasar toda clase de contratiempos y desgracias, va a ser engañada, maltratada, humillada, ofendida, secuestrada e incluso violada, pero en algún momento esto va a cambiar, ella va a aprender.

En los teleteatros hay un momento peculiar, el momento Scarlett O'Hara, que es cuando tocan fondo. En esa escena todas las heroínas se parecen a Scarlett O'Hara, muerta de hambre, sucia de tierra y de sangre, a la hora de morder la zanahoria en *Lo que el viento se llevó.* Cada una de ellas mira al cielo con la misma mezcla de furia y heroísmo. Furia porque la maldad humana que la rodea terminó por destrozar sus ilusiones; heroísmo, porque una luz diferente ilumina ahora su mirada. Ya no son puros pajaritos y nubes rosadas los que conforman su paisaje espiritual. Su confianza en la humanidad y en el Bien quedó destrozada. Aparece una nueva faceta de su personalidad, que ella misma desconocía. Heroica. Estas cosas no van a volver a sucederle. Nada malo va a volver a sucederle. Ella ahora es un hidalgo caballero que sale a los caminos con su armadura y con su espada. Ya aprendió a pelear. Ya perdió la paciencia. Los caballeros medievales salían a defender a su amada o a su rey. Nuestra heroína sale a defenderse Ella misma, y si le miramos bien la cara, vamos a ver que su mirada está diciendo, como Scarlett O'Hara, Cuidado conmigo; ustedes no sabían con quién se estaban metiendo.

VALE TODO

Raquel está desmoronada en un sillón. Iván se casó nomás con Elenita Almeida Roitman. Elenita no sólo es heredera de una fortuna incalculable, sino que además es artista, y es rubia. ¿Cómo pudo pasar algo así? ¿Acaso ella e Iván no se amaban locamente?

Sí, ella e Iván se amaban locamente, pero todo tiene un límite, comenzando por la paciencia de Iván.

Raquel e Iván se toparon con 800. 000 dólares que les cayeron del cielo —dinero robado, claro, pero que ya nadie reclamaba porque había pasado mucho tiempo y se lo daba por perdido.

En una sociedad diezmada por la inflación y otras calamidades sociales, Iván ve en ese dinero la posibilidad de abrirse camino en otra parte. Cometer un delito, sí, sacar el dinero clandestinamente del país, robarle a un ladrón. Y empezar de nuevo en otra parte. Otra vida, libre de acechanzas, llena de amor.

Pero Raquel ¡no! Ella no puede tocar ese dinero porque no le pertenece. Pero es dinero robado... ¡No importa! ¡Hay que devolverlo!

No hay nada que hacer. Ninguno de los dos afloja en la discusión —que dura muchos capítulos— y Raquel guarda el dinero en una caja de seguridad porque le quema las manos. Eso sí, no comparte la llave de la caja con Iván.

Oh, Dios, qué ganas tenemos todos de pegarle una trompada a Raquel.

Iván el primero, claro.

Luego aparece Fátima, cuándo no, la hija de Raquel que es malísima. A través de una complicada maniobra, Fátima se roba el dinero y deja varios indicios que incriminan a Iván.

Raquel cree ciegamente que el dinero lo robó Iván.

No hay nada que Iván pueda hacer o decir para disuadirla. No importa que Iván sea el amor de su vida y que su hija Fátima no haya hecho otra cosa desde que empezó la novela más que estafarla, mentirle, humillarla y avergonzarla de todas las formas posibles. No importa. Ella le cree a Fátima.

Oh, Dios, qué ganas tenemos todos de pegarle otra trompada a Raquel.

Pero Iván no. Ya no.

Iván se hartó y se fue. Ahí estaba Elenita Roitman muerta por él y se casó con ella. Qué iba a hacer. Los hombres tampoco se permiten duelos muy largos.

¿Qué cree Raquel y el resto del barrio?

Que Iván se casó por dinero. Por el dinero de los Almeida Roitman.

(Eso no es justo, en realidad, No es exactamente así. Aunque el dinero, desde luego, tuvo su peso.)

De manera que Raquel está desmoronada en un sillón. Iván se casó con Elenita, nomás.

Ella es la primera en creer que se casó por el dinero de Elenita. Y Raquel no tiene dinero. Es una mujer honrada y trabajadora, a la que su propia hija dejó en la calle poco tiempo atrás, y empezó de la nada, vendiendo sandwiches en la playa porque, hay que decirlo, tiene una mano especial para la cocina.

Entonces, con el rostro bañado en lágrimas, en medio de los escombros de sus ilusiones perdidas, ella levanta la mirada y ahí está, el momento Scarlett O'Hara. Esto no va a seguir así. Yo voy a cambiar. Si es de dinero de lo que se trata, pues yo también voy a tener dinero. Ya van a ver.

Cuidado conmigo, no saben con quién se acaban de meter.

Una luz diferente ilumina sus ojos detrás de las lágrimas. Ahora tiene un propósito. Ella se pondrá su armadura, templará sus armas e irá a la guerra. La guerra para conquistar el tesoro, de las ciudades, la vida urbana, el mundo moderno.

Ella va a triunfar.

Usted dirá, habría sido todo más simple si ella dejaba que Iván decidiera qué hacer con el dinero. ¿Habría sido una épica muy diferente la de ellos dos, comenzando una vida nueva, digamos en Canadá?

Imposible. Eso podría pasar en una película de aventuras o en una comedia americana. Pero en un teleteatro no se puede fundar una épica sobre un acto deshonesto, aunque en este caso fuera una forma de deshonestidad relativa (por eso de que el que roba a un ladrón, etcétera).

Es más: ni siquiera habría sido una épica. Una heroína, un caballero armado de género mujer, no puede meter mano sobre dinero robado, por más que el Destino lo pusiera en sus manos, cuando ya todos lo dieron por perdido y ya nadie lo reclama. Es un problema de virtud. Y como veremos a su debido momento, a la virtud de una heroína de teleteatro no hay con qué darle.

6

La reivindicación:
Los ricos también lloran

Dijimos al reseñar el Gótico que este género recupera y exalta el culto de los sentimientos, las cuestiones del espíritu y el fervor religioso en los niveles más populares.

Es fácil ver que ésta es también una buena definición del teleteatro. Y uno de sus secretos es la propuesta que hace de una Justicia diferente. En este territorio, la riqueza preponderante no es la económica sino la moral. El Bien y el Mal se reparten en el teleteatro con criterios mucho más participativos que el dinero en la vida real. O al menos se reparten con parámetros de participación diferentes.

La presencia de los ricos es indispensable, no se concibe un teleteatro sin una gran familia de características feudales y poder ilimitado. Una de las razones por las que los ricos son necesarios es para verlos sufrir por cuestiones que no se arreglan ni con todo el oro del mundo.

Un caso frecuente es el hijo que se regaló o se vendió al nacer. Claro, Ella era (buena y) muy pobre. Queda embarazada porque fue engañada en su virginal inocencia. Casi una niña. Sola en el mundo. Sin recursos. Nada. ¿Qué iba a hacer? Tuvo que entregar al bebé. Con algunas variantes, esto sucede en Los *ricos también lloran, Cristal y El derecho de nacer*

El bebé se regala a una señora que lo puede criar, o queda en el portal de un orfanato, o escapa de la muerte en brazos de una criada negra.

Veinte años más tarde, esto es infalible, la madre es rica. Tiene todo el dinero que quiere, poder, fama, gloria, marido soñado y hasta algún hijo legal. Pero... ¿puede ser feliz? De ninguna manera. No puede ni podrá ser feliz mientras no encuentre al hijo o hija que perdió cuando era casi una niña. Ir de compras no le da consuelo. El cariño de ese marido apuesto y seductor que la ama infatigablemente desde hace muchos años no es suficiente. Las flores que recoge del jardín y acomoda en un jarrón no la alegran. Ahora tiene que salir a realizar alguna de sus atractivas actividades, a dirigir su empresa, por ejemplo, como la mamá de Cristal (Lupita Ferrer). El chofer la espera con la gorra en la mano y la puerta del auto abierta. Ella sale con su traje color fucsia y suenan fuerte sus tacos altos sobre las lajas del jardín. El frente de la casa tiene columnas. Detrás se adivina un parque infinito. Todo lo que la rodea es esplendor. Pero en ese instante, cuando se quita los anteojos oscuros para mirar hacia el horizonte, el futuro, el destino, o el ligustro del jardín que necesita un recorte, su mirada refleja un dolor constante, una tristeza profunda que tiñe todos sus actos, que controla su vida. Si es la mamá de Cristal, ese dolor la habrá convertido en una persona fría y autoritaria: todos le temen. Si es Verónica Castro, en cualquiera de sus novelas, va a convertirse en un ángel de bondad, como si estuviera pagando una Gran Deuda. En algún caso incluso va a tomar los hábitos.

La moraleja es la más simple del mundo: El dinero no hace la felicidad

En la vida normal y mundana, esta frase es la mayor generadora de chistes de la era post-industrial. Pero en el territorio privado de la mujer, su casa a la hora mágica de la siesta, una historia como ésta es reconfortante. No hay nada más reconfortante que pensar "pobrecita" de una multimilloriaria que tiene todo lo que uno querría tener. Este es uno de los tesoros escondidos del teleteatro, su reivindicación balsámica: Ella tiene todo lo que querría tener menos una sola cosa, que es precisamente, la que tenemos nosotros. Y es una cosa que *no se puede comprar* con dinero.

En su libro El *imperio de los sentimientos,* Beatriz Sarlo dice que en las novelas "La literatura es pensada desde su carácter compensatorio de las vicisitudes reales. (En las novelas) se reparan moderadamente algunos de los sinsabores de la vida diaria." Un autor de principios de siglo citado en el mismo libro, Enrique Richard Lavalle, se pregunta ¿tiene demasiada poesía, demasiada ilusión, lo que contrasta violentamente con la vida real? ... Precisamente ésa es su fuerza. Ofrecer un desquite, ser como consuelo, donde se ve la vida tal como se deseara."

Es curioso que casi un siglo entero ha pasado, y la veta reivindicatoria sigue intacta. Es más, me animo a decir que siguen intactas la poesía y la ilusión, aunque con signo diferente; tal vez —no estoy segura— de mejor calidad.

La cuestión consiste en descubrir cuál es la cuerda secreta que cautiva públicos tan masivos, primero en América Latina, y ahora en todas partes del mundo. Públicos que no recortan en forma exclusiva a las clases sociales más bajas, o, como suelen decir en los debates de la televisión, "las grandes masas desposeídas".

La reivindicación y la identificación con una historia de teleteatro es gruesa pero no es tan gruesa. Hay mujeres de todos los segmentos sociales que aman el teleteatro y otras tantas, de todos los segmentos sociales, que lo detestan. El teleteatro corta transversalmente todos los segmentos sociales, y todas las variantes de la inteligencia, desde la mente más sutil y rutilante hasta el profundo agujero negro de una estupidez sin esperanzas.

Lo mismo que la ópera, el chocolate o el juego de billar, el teleteatro no tiene connotaciones directas, ni éticas ni socioeconómicas. Disfrutar del teleteatro no indica nada, no revela nada. La misma persona que adora el teleteatro de las tres tal vez no aguanta el de las cinco. La misma persona que adora el teleteatro de las tres y el de las cinco, en otras circunstancias personales de su vida no toleraría ni uno ni otro.

Dicen que la música popular se hace pegadiza menos por arte de un autor inspirado que por una razón perfectamente mecánica. El ritmo de las canciones populares —casi siempre marcado por instrumentos de percusión, como la batería, el bongó o las maracas— concuerda con el ritmo de los latidos del corazón. Las melodías quedan nadando en la memoria, surgen tramos de una canción y después desaparecen, o no desaparecen y quedan rondando a veces un día entero. La letra no importa, o importa menos, a veces uno no la sabe o no la entiende. Pero hay una zona de la mente que no debería pero tiende a estar deshabitada, desprotegida, polvorienta y mal iluminada, que suele ser invadida por una melodía pegadiza. Esto puede sonar agradable, pero también puede ser una pesadilla, si la melodía es la de un jingle publicitario, o la de un músico a quien uno detesta. Y es una pesadilla porque la mente no tiene manera de erradicar una melodía intrusa, y uno se encuentra el día entero tarareando el cantito comercial de una tonta golosina.

Es que la canción se abrazó ciegamente a tus ventrículos, y ahora ambos galopan juntos.

El corazón es un cazador solitario. A veces está distraído y lo que caza es una melodía.

Lo que pasa con las novelas no es muy diferente. Sólo que acá no se trata del ritmo —ése es otro terna al que eventualmente llegaremos— sino de la frecuencia de onda. El teleteatro está formulado como un historia que se narra desde la misma frecuencia de onda que rige el movimiento del corazón. Y lo mismo que con las canciones pegadizas, invaden una zona más o menos deshabitada de la mente.

7

Quién es Ella

Todos los teleteatros tienen estructuras parecidas, en todos vamos a tener chicas pobres que se van a enamorar de muchachos ricos, o viceversa, en todos podremos contar con la retahíla (palabra de teleteatro, retahíla) de obstáculos y contratiempos que van a impedir sistemáticamente que los enamorados se unan, en todos los casos va a haber una ceguera o por lo menos una parálisis, y alguien que se creía hijo/a de cierta persona va a resultar que en cambio sea hijo/a de una persona diferente. Por qué será entonces que la mujer* ama un teleteatro y detesta otro, o al menos, por qué algunos le atrapan el corazón y otros no.

Una de las razones principales de adhesión o rechazo al teleteatro tiene que ver con la actriz elegida para representar a la heroína. Es una razón tan subjetiva e irracional como ésa: simpatía pura, pura antipatía.

Acá viene la chica a la gran ciudad, arrancada de su pueblo, del convento, el orfanato o la modesta choza donde se crió. Acá viene a enfrentarse a su Destino, en una ruta que te invita a compartir con ella, tarde a tarde, durante muchos meses, Si en esa primera escena del teleteatro no se establece un vínculo, si la chica no te gusta, ni el mejor libro del mundo, ni la producción más esmerada ni el elenco más lujoso van a atornillarte a la silla a la hora de la novela.

---

* En el público del teleteatro, como en el caso de las zorras, el nombre de la especie es mujer. No significa que los hombres no vean teleteatros, Tampoco que las zorras no tengan marido.

La chica no te gusta, eso es todo. Nada de lo que le pase te va a interesar, no vas a simpatizar con sus desgracias ni celebrar sus alegrías. Además, no vas a creer nada de lo que ahí suceda.

Creer, digo, por inverosímil que la historia pueda resultar. Cuando digo creer me refiero a un pacto ficcional entre novela y contemplador, una forma de adhesión sentimental que no involucra actividad intelectual alguna. Corazón puro. Simple afinidad.

Es interesante observar que esta exigencia básica de afinidad, esta aceptación es indispensable con Ella, la actriz, y no tanto con Él, el actor que la acompaña. El actor puede no gustarte y eso no va a ayudar al éxito de la tira, pero nunca es tan definitivo como en el caso de que no te guste Ella.

Si Ella no te gusta no hay nada que se pueda hacer.

En todas las novelas, junto con los conflictos de clase social, las identidades cambiadas y demás contratiempos, sucede algo igualmente clásico. Ella, nuestra heroína, va tejiendo la trama de su epopeya personal y su accidentado camino hacia Él. Mientras tanto, Él hará más o menos otro tanto en su accidentado camino hacia Ella. Pero no sólo Él sino todos los hombres que encuentre a su paso, irremediablemente, implacablemente, invariablemente, van a enamorarse de Ella.

Todos.

Y si hay algo notable en las novelas, es la cantidad de hombres apetecibles que aparecen en el camino de una heroína. ¿Ella tiene que ir al médico? El médico tiene treinta y cinco años, es apuesto, brillante, soltero... y se enamora de ella. ¿Ella tiene algún conflicto legal? El abogado tiene cuarenta y cinco años, es apuesto, eficiente, viudo... y se enamora de ella. ¿Ella tiene que hacer un viaje en avión? Su vecino de asiento es un joven de treinta y ocho años, apuesto, torturado, divorciado... y se enamora de ella.

Esto, claro, está dentro del acuerdo que hicimos. Quien tarde a tarde mira una novela por televisión está dispuesto a creer estas cosas y otras mucho más audaces... si Ella le gusta. Si Ella no le gusta todo de pronto se vuelve inverosímil por el camino más corto que es la antipatía. ¿Qué le ven a ésa? te preguntas tarde a tarde, cada vez que un nuevo galán aparece de la galera infinita del autor y cae de rodillas frente a "ésa" a quien una ve fea, ridícula, estridente o simplemente antipática. Y a propósito ¿de dónde salen tantos hombres apuestos y disponibles? Todos son solteros, viudos o divorciados. Todos tienen dinero, tienen el bronceado típico del tenis ¡y todos se enamoran de ella!

Algo que es perfectamente natural y propio del género cuando Ella te gusta, resulta inverosímil y odioso si Ella no te gusta.

No, no. Si la chica no te gusta no hay arreglo. Seguramente hay otra novela a la misma hora que va a gustarte más. Hay un derecho inalienable que conserva toda mujer en la intimidad vespertina de su hogar y frente al televisor: el derecho de elegir su propio modelo de identificación.

8

La siesta:
nunca salgas de tu casa

Antes de que los teleteatros se pusieran de moda y bajaran al horario central de la televisión —las nueve de la noche—, la hora tradicional de la novela siempre ha sido la siesta.

Para la gente de la ciudad que trabaja fuera de su casa, la siesta es apenas una especie de recuerdo folklórico de un tiempo anterior. Pero hay una enorme población que a la hora de la siesta está en la casa, ya sea que viva en ella, las llamadas 'amas de casa', o que sea su lugar de trabajo, como sucede con el servicio doméstico.

La siesta, como se recordará, es una parte de día de peligrosa seducción, Su tiempo responde a leyes propias y no se mide con el reloj sino con el estómago. La siesta se derrama en la mitad del día como si fueran los puntos suspensivos del almuerzo. Hora proclive a la modorra y la ensoñación, indiferente al horario bancario, alejada del mal humor de los colectiveros, la siesta bosteza remota y habitualmente solitaria bajo un rayo de sol que entra por la ventana para derretir el seso y dejar en libertad los deseos.

La siesta es una hora fuertemente dramática y sensual, tal vez por la misma indiscreción de la luz, y hay una montaña de literatura que de esto puede dar fe. Desde los amores de Ada y Van, en la novela inmortal de VIadimir Nabokov *Ada o el ardor*, hasta esas siestas, también ardientes, que son clásicas en el Sur de los Estados Unidos: Carson McCullers, Truman Capote, Tennessee Williams, Flannery O'Connor. Todos estos autores transmiten esa sensación tan peculiar de la siesta, ciega luminosidad y calor, calor. Todo está quieto menos la pasión, que late lenta, ominosamente en los cuerpos húmedos, con el mismo ritmo lento y ominoso de los ventiladores de techo.

Es la hora de la siesta, y no la noche, la franja que se opone a los programas matutinos en cuanto a los medios de comunicación. Las mañanas de la radio y la televisión tienen un estilo periodístico afiebrado, ansioso por saberlo todo, desde la intimidad de una fórmula política hasta el funcionamiento de los semáforos en la avenida Garay, desde la contratación de cierto jugador de fútbol hasta las razones ocultas de un día desafortunado en la Bolsa de Valores. Y estos mismos temas van a ser tratados, con diferente estilo pero la misma compulsión, en los programas nocturnos de opinión. Es posible que los semáforos queden fuera.

Nada de esto importa en la placidez profundamente extranjera de la siesta. Extranjera, digo, porque ese patio enceguecido por el rayo de sol, ese comedor diario, esa cocina temporariamente suspendida entre el almuerzo y la hora en que los chicos vuelven del colegio, ese lugar mágico parece un territorio de otro país. El aire es apacible y huele a malvón. El silencio es aterciopelado y sólo admite una única letanía, una ensoñación, casi un barbitúrico: el sonido de la televisión con el volumen bajo, la novela.

La novela avanza muy, muy lentamente. El ritmo, ya lo dije, no se mide con el reloj. Se mide horizontalmente, tarde a tarde, con las hileras del tejido y el horario de la escuela. Tenemos todo el tiempo del mundo.

Para ver una novela, como para tejer, es preciso tener todo el tiempo del mundo.

Ésta es la razón por la cual el teleteatro se vuelve intolerable para cualquier persona que trabaje fuera de su casa. Aunque ame las novelas. Por mucho que uno se organice de tal manera que pueda reservarse un par de horitas a la tarde, y hacerse una escapada para ver la novela, es inútil. No hay manera de 'insertar' una siesta artificial en medio de un día regido por los viajes en subte y el horario de oficina. Aunque tengas el tiempo suficiente. Lo que no vas a tener es la paciencia. El ritmo de la calle es el enemigo natural de la novela.

ROSA, ROSA...

Rosa miró intensamente al maestro y por fin aceptó casarse con él. Atrás quedó el tendal de hombres que cayeron a sus pies en muchos meses de novela. Nadie, en la historia de los teleteatros, debe haber tenido más enamorados que Rosa. No sólo Roberto, el padre de su hijo. El maestro, que le enseñó a leer y todo lo demás. El señor que arreglaba relojes en la planta baja de su edificio. El médico que la atendió una vez y quedó perdido, un señor de la alta sociedad. El abogado, un asociado de negocios, el vecino de asiento en el viaje de avión: todos hombres de entre treinta y cincuenta años, todos apuestos, brillantes, ricos. Todos solteros, viudos... todos disponibles.

El padre de su hijo, ese hombre la amaba, pero fue tan pusilánime como para dejar que su paqueta familia decidiera por él. Ahora, demás está decir, él es un guiñapo, está deprimido y no puede encontrar su destino, algo que no se puede comprar ni con todo el oro del mundo.

Ella, en cambio, es Cocó ChaneL El maestro le enseñó a leer y tomó clases de corte y confección. Comenzó como la modista del barrio en su conventillo de la Boca. Trabajó duro, de día y de noche, y como tenía talento le fue bien. De esa manera Rosa empezó a crecer.

Habían pasado años desde que el padre de su hijo la abandonara aunque la quería, porque no se animó a enfrentarse a la tilinga de su hermana, a su familia toda, no se animó a casarse con una mujer de clase inferior.

Pero él la amaba, y volvía a ella, y volvía.

Él era un alfeñique, pero la amaba.

Ella, digámoslo, lo amaba también.

Rosa por fin aceptó casarse con él, con el padre de su hijo, después de haberlo ayudado a recibirse de médico, de quedarse las noches en vela para darle ánimo y acompañarlo a la hora de estudiar. Entonces, después de todo eso, cuando ya era médico, este tarado, este alfeñique de 47 kilos, este sujeto que se dejó manejar por todos los vientos de la tierra que giraban a su alrededor, este hombre sin voluntad, sin carácter, este estúpido llorón, se casó con otra, una muchacha de buena familia, porque resulta que tenía leucemia, se iba a morir... y lo amaba. Y él, claro, no encontró la manera de negarse.

Entonces, Rosa tuvo su momento de Scarlett O'Hara, ella también elevó su zanahoria al Cielo y dijo Nunca Más. Secó su última lágrima y todos vimos, casi con miedo, cómo su mirada se endurecía en ese rostro terso como el mármol.

Dios, qué bella era Rosa. El pelo tirante, los párpados un poco a media asta, como si le pesaran un poco las pestañas, como si los párpados la protegieran de la fealdad del mundo. Rosa hablaba siempre con una voz profunda, que cultivó —también con la ayuda del maestro— hasta reemplazar el acento de provincia por el dejo elegante que habitualmente se oye en los salones mundanos.

Rosa era muy consciente de las cuestiones de clase. Nunca Más, dijo, y dejó de llorar. Ya no desperdició energía alguna en otra cosa que no fuera su empresa, mientras los hombres, uno a uno, caían a sus pies. (El padre de su hijo el primero, ese imbécil.) Abrió una cadena de tiendas, creó nuevas líneas de ropa, convirtió su nombre en una marca y la posicionó en el más alto nivel. Las clases elegantes que antes impidieron su boda con ese medicucho malcriado, ahora hacían cualquier cosa por acercarse a ella, daban gracias de rodillas si ella aceptaba una invitación.

Pero Rosa no aceptaba las invitaciones, no salía con hombres, no lloraba, no se quejaba. Se dedicó a su hijo, a su empresa y al maestro.

Al maestro, hay que decirlo, lo daba un poco por sentado. Él siempre la había amado, desde el primer día, desde que le ofreció un cuarto en el conventillo, cuando le enseñó primero a leer y a escribir, luego filosofía y modales. A esa altura él había dejado su trabajo como maestro y luego director de la escuela para irse a trabajar con ella, como contador, apoderado, gerente de todas sus empresas, algo así. Él la amó cuando era pobre y cuando era rica, cuando era una muchacha sencilla de campo y cuando se convirtió en una diva sofisticada y distante.

Él la amaba sin remedio como quien choca diariamente contra la misma pared, pero un día se cansó. Y empezó a salir con otra, y construyó con la otra una relación en serio y casi se fueron juntos a fundar otra empresa. (La Otra era una empleada de Rosa.)

Esto sí que Rosa no se lo esperaba. ¿El maestro con Otra? Parecía una broma. Rosa empezó a revisar sus sentimientos. De ninguna manera iba a tolerar la vida sin el maestro. Se dio cuenta de que el maestro formaba parte de su respiración cotidiana, que era su verdadero amor. Vio que durante años se había dejado llevar por la mistificación de un amor contrariado, por los equívocos y las dificultades. Había luchado para olvidar una herida, una ofensa, cuando en realidad el amor siempre estuvo a su lado, cerca de ella, detrás de ella, esperando... y ahora ella lo había dejado ir con Otra.

Ah, no.

Huelga decir que Rosa sólo tuvo que bajar un poco más los párpados y mirarlo fijo a los ojos. El maestro se resistió como pudo, un poquito, y por fin se echó en sus brazos.

Ahhh, respira completa la audiencia de *Rosa de lejos,* en los mediodías de la primavera de 1980. Ahhh, descansa la tensión. Meses y meses de amores contrariados, amores contenidos, amores desesperados, ahhh, por fin. El maestro no es la más glamorosa de las soluciones, no es rico, no juega al tenis, no tiene doble apellido. Es, de sus galanes, la opción más realista: el más leal y paciente, el que más la ha querido. Va a ser una tarea, ahora, ponerle tensión a este romance. Por lo pronto, Rosa se va a casar.

El casamiento de Rosa fue noticia en los diarios y las revistas. En la realidad, no en la ficción. Y estamos hablando de 1980, cuando no existían las superproducciones, ni los programas de televisión dedicados al espectáculo, cuando los mecanismos de producción no estaban todavía tan desarrollados y la prensa no se mostraba tan hambrienta ante cualquier cosa que se pareciera remotamente a una nota de interés popular.

El casamiento de Rosa fue noticia porque —aunque todavía no estaba bien visto hablar de novelas—, buena parte de la ciudadanía estaba pendiente de esa historia.

La novela iba a la una del mediodía. Esto también era una novedad en cuanto al género porque inauguraba un horario que en esa época era virgen. El mediodía no era entonces tan competitivo como ahora, pero *Rosa de lejos* dio un primer paso afuera del ghetto de la siesta*. Y prosperó. Instaló el mediodía como un horario clásico para la novela. Y tal vez no sea un perfecto disparate creer que la novela del mediodía —*Rosa de lejos* primero, y las que le siguieron— tuvieron algo que ver con la capitalización de ese horario en las franjas de programación televisiva.

Para quien esto escribe, sin embargo, algo había cambiado en su vida personal. Más o menos para la época en que Esteban, el maestro, empezó a salir con Araceli, la jefa de taller (o algo así) de la Maison Rosa, cuando Rosa tuvo que enfrentarse con la realidad de que el maestro no estaba sujeto con cadenas a sus trémulas pestañas, yo había dejado un trabajo de traducción, que hacía en mi casa, por un empleo en el periodismo, en la redacción de la revista *Claudia*. Era el año 1980, nadie tenía videocasetera. Por lo menos yo no tenía. A la una del mediodía yo formaba parte del universo de personas que están en la calle sumergidas en una actividad múltiple que incluye, además del trabajo específico de cada uno, cultivar el arte de sobrevivir, en la calle y en la empresa, desarrollar la ciencia política de convivir con los compañeros de trabajo, y en general flirtear con la fascinación urbana.

De cómo Rosa recuperó al maestro —aunque nunca dudé de su capacidad para hacerlo— me fui enterando a los saltos por los relatos de amigas y familiares. Pero el día de la boda era algo especial. Salió en los diarios y la gente no hablaba de otra cosa. Era un acontecimiento que no me iba a perder. De

* Hubo, antes, una serie de novelas de Alberto Migré que iba una vez por semana, a la noche, con novelas como *Rolando Rivas, taxista* y Piel *naranja*.

manera que tomé temprano mi hora del almuerzo, y crucé la ciudad en un taxi que —conociendo la naturaleza de la urgencia— hizo lo que pudo para llegar a mi casa antes de la una.

Todo estaba listo para la boda, empezando por el vestido de encaje de color beige que ya había salido retratado en las revistas. Llegué agitada y ansiosa para no perderme un capítulo clave de la historia, y lo curioso del caso es que el programa me impacientó hasta la locura. No estoy segura de haberlo visto hasta el final.

Yo había sido espectadora arrobada desde el principio de la novela. Aprecié la divina historia de Celia Alcántara una remake de Simplemente María—, la dirección de María Herminia Avellaneda, con parámetros de calidad inéditos en los teleteatros de la época, la intensa sugestión de Leonor Benedetto en el papel de Rosa. Incluso publiqué en la revista Claudia un comentario sobre la novela que me valió un llamado telefónico de Celia Alcántara en persona, que todavía vivía en la Argentina (ahora vive en México): era la primera vez, me dijo, que alguien se tomaba en serio un teleteatro y lo trataba con respeto.

Todo esto lo anoto para demostrar hasta qué punto era yo devota de *Rosa de lejos*. Y sin embargo, el día de la boda (pudo haber sido otro día cualquiera) no tuve paciencia para verlo. Aunque tenía el tiempo suficiente para ver el capítulo entero y luego volver al centro, la morosidad de los diálogos, la calidad extática de la cámara, las lentas miradas de Rosa, todo me enloqueció de impaciencia. Los mismos atributos que durante meses me acompañaron, me alimentaron, me poblaron la casa de llanto y pasión, de afecto y poesía, en un solo mediodía atareado me dieron ganas de patear el televisor y pedir que se apuraran.

La calle es un enemigo natural del teleteatro. Es imposible intercalar una novela en un horario profesional, en una organización mundana, o, para decirlo con alguna audacia, en la vida real.

Ahora sería sencillo: la novela se puede grabar, a la hora en que se dé, no importa, y la ves a la noche, a la hora que quieras, cuando ya te retiraste de la realidad oficial y te instalaste en tu propio mundo, el que transcurre entre las paredes de tu casa.

El teleteatro es una aventura relativamente solitaria. O al menos lo fue hasta que se inició la época de las grandes superproducciones de horario nocturno, que pretenden una mayor captación de público masculino.

En fin, con respecto a eso el tiempo dirá.

Pero volviendo a la modesta producción de la novela tradicional, la que se proyecta a la hora de la siesta, esa novela no puede competir con la vida real, no *quiere* competir con la vida real. Para la vida real, para las identificaciones lógicas y el entretenimiento familiar están las comedias y las series de las que hablamos más arriba,

El teleteatro es otra cosa. Es privado, es solitario, es de la mujer. El teleteatro desarrolla un universo que se ve realista pero no lo es. En una primera mirada superficial parecería que muestra un mundo simplificado, formulado en trazos gruesos, poblado de esquemas estereotipados de ricos y pobres, amores y odios.

Pero por qué, se preguntará algún espectador desesperado, alguien que no consigue entrar en la mística ralentada de la novela, y alguna tarde se encuentra anclado frente a un televisor ajeno, sin poder alguno sobre el control remoto, y es torturado con los asuntos de la tira: llanto profuso, griterío y portazos, eventualmente jadeos (según la actriz), amenazas susurradas y maldiciones floridas en el mejor de los casos. Por qué, por qué. Por qué tanto desatino, tanto disparate en torno de una historia de amor.

No es desatino, es otra cosa. Ese mundo simplificado y grueso es apenas el escenario donde se desarrolla un mundo mucho más sutil e inasible, un mundo mucho más interesante, que es el deseo. *El deseo de las mujeres*.

Esto, más que sus falencias y su candor, es lo que vale la pena explorar. O preguntarse, más bien, qué indican su candor y sus falencias dentro de un contexto tan misterioso como el que representa el deseo de las mujeres, uno de los más grandes secretos de todos los tiempos.

9

Tu mejor amiga

Lo que se necesita para ver un teleteatro, entonces, antes que cierto grado de coeficiente intelectual (más bien escaso, dirían los detractores), antes que la pertenencia a determinada clase socioeconómica (más bien sumergida, dirían los detractores), incluso antes que la portación del género femenino, para ver un teleteatro, entonces, la exigencia primordial consiste en estar en la casa a esa hora, que suele ser la siesta. Pero estar en la casa todos los días, no por excepción sino por rutina.

¿Quién está en su casa todos los días a la hora de la siesta? a) La persona que las encuestas llaman "ama de casa", la mujer que sólo hace los quehaceres domésticos de su casa o supervisa la realización de estos quehaceres porque tiene personas de servicio. b) Las personas, mujeres y hombres, que trabajan en su casa, como las modistas y los traductores, las ribeteadoras de frazadas y los poetas. Y c) El servicio doméstico, ya sea que viva en la casa o pase el día ahí.

El servicio doméstico es un público fundamental del teleteatro, antes que nada por su preponderancia estadística. Del público potencial de las novelas, es bastante probable que una muy buena parte esté formada por mucamas y cocineras, que terminaron con los platos del almuerzo y ahora están ahí, solas o con la señora de la casa, en una situación de apacible, envidiable intimidad.

Ésta es, seguramente, una de las razones por las que el servicio doméstico es tan abundante en las historias de los teleteatros. No hay casa de familia —siempre del lado de los ricos, se entiende— que no tenga un frondoso plantel de mucamas y cocineras, además de chofer, jardinero y ama de llaves.

Ésta es, seguramente también, una de las razones por las que el servicio doméstico tiene un rol tan preponderante en el tejido ficcional del teleteatro. La relación entre "patrona" y "muchacha" es uno de los vínculos más complejos y profundos que tiene la mujer, ya sea que esté de un lado o del otro. De un lado y del otro hay un mezcla de sentimientos ambivalentes de odio, envidia, admiración, afecto, dependencia y aprensión.

En la representación que el teleteatro hace de este vínculo se van a suprimir los detalles pedestres que no convengan al tramado de la historia. De una y otra parte se obviarán errores, torpezas, pequeñas venalidades y caprichos innecesarios. Jamás se tocará el tema del dinero, no se comentan salarios ni se piden aumentos ni se discuten aguinaldos.

Lo que va a aparecer, con mucha frecuencia, es el miedo subterráneo —y no tan subterráneo— que siente la "patrona" hacia la mujer que conoce tan profundamente su intimidad y tiene acceso al funcionamiento privado de la casa, con todos sus secretos, con todos sus olores.

"La patrona" se siente amenazada por esta mujer que, al realizar las tareas domésticas, comienza insensiblemente a adueñarse de la casa, a tomar decisiones, a dar órdenes. Cuando más eficiente es la "muchacha", más descansa la señora en ella y teme que se vaya. La muchacha se fortalece en su lugar de poder, pone condiciones, y revive una de las infinitas formas de la parábola del amo y el esclavo.

No siempre la señora espera pasivamente que esto suceda. Las mujeres tienen un entrenamiento atávico para detectar el peligro, sobre todo si el peligro está localizado en otra mujer y esa otra mujer está dentro de su misma casa. Las señales pueden ser de todo tipo, desde la más elemental que es cambiar la marca del detergente sin previa consulta.

Según el grado de dependencia que la mujer tenga con respecto al servicio doméstico, este proceso puede prosperar hasta una toma completa del poder, o la chica es despedida en su segundo gesto anárquico.

Pero en cualquier caso la situación es clásica, el miedo está ahí, latente o vigente, mutuo y recíproco.

Este conjunto de sensaciones profundas y ambivalentes, temor, envidia, respeto, gratitud, aprensión, entrega e incluso afecto genuino a pesar de todo, esto, decía, va a aparecer en el teleteatro convertido en un juego de identidades confusas. Es interesante observar la frecuencia con que esta aprensión se resuelve en los términos del argumento: la mucama, esa muchachita modesta y sin educación, va a terminar como la dueña absoluta de todo. Y no precisamente por su arte para planchar camisas, sino porque en realidad es una hija perdida, o robada, o regalada o confundida. Pero es la hija. Una hija de su madre.

Hay otra formulación clásica de la persona de servicio en el teleteatro. Prácticamente en todas las novelas la señora de la casa, cualquiera sea su lugar en la escala ética del relato, va a tener una mucama que será su confidente, su ayudante y consejera, incluso su mentora. En cada teleteatro se reproduce una versión doméstica y femenina de Don Quijote y Sancho Panza, donde una sirvienta devota de inteligencia primitiva y experiencia de vida va a terminar protegiendo a su patrona, que vive sumergida en las brumas de la riqueza y la buena vida, y que por lo tanto no está preparada para las jugarretas que le depara el Destino. La criada, ya sea una mucama, el ama de llaves o la cocinera, es más fuerte que su patrona en la adversidad porque la conoce (a la adversidad), porque nada la asusta, porque tiene el cuero curtido y el ingenio despierto. Con frecuencia tiene poderes esotéricos, sabe de magia y puede ayudar donde los abogados y los médicos abandonan. Está en condiciones de hacer algo cuando el mundo de la sensatez afirma que no se puede hacer nada. Conoce la intimidad de la señora, la ama en su esplendor y también en sus miserias.

Más allá de las amigas y otros vínculos sociales, los parientes, los profesionales que la rodean y eventualmente sus colegas, la mujer va a confiar en su sirvienta. Y la sirvienta, más tarde o más temprano, va a tener en sus manos un poder que se ríe del dinero y la condición social. Va a tener poder sobre el alma de la señora y lo va a usar: en alguna ocasión va a cumplir un papel crucial en su destino.

El Destino reserva muchas sorpresas a los personajes de los teleteatros, pero hay algo que podemos esperar con razonable seguridad: el pobre, el humillado, el ofendido, más tarde o más temprano va a ser tocado por la mano de Dios y tendrá en sus manos la suerte de sus enemigos. Es una especie de juego de ruleta donde las fortunas cambian de mano en el momento más oportuno y dejan en la miseria a los soberbios y orgullosos. Uno más —aunque no el principal— de los rasgos reivindicativos del teleteatro. No sólo nos recuerda todos los días de nuestra vida que el dinero no hace la felicidad. También anota en cada rincón del decorado una moraleja rampante, constante, que dice, en refulgentes letras de oro: "Cuidado con la forma en que tratas a los pobres porque uno nunca sabe".

Por motivos profundamente enraizados en la naturaleza del género, entonces, la mucama es una de las formas más frecuentes en que la heroína, Ella, comienza su aventura en la gran ciudad.

Rosa de lejos comenzó como mucama, pero por muy poco tiempo porque en seguida se convirtió en modista. *María de nadie* fue mucama, y se pasó buena parte de la novela con el uniforme a pintitas y el delantal almidonado. Celeste se convirtió en mucama cuando murió su madre allá en su pueblito y se vino a la ciudad*. Verónica Castro fue mucama en *Verónica,* por poco tiempo —igual que Rosa—, antes de convertirse en Modelo Top. Topacio no podía ser mucama por-

---

* Algo raro sucedía en Celeste al respecto. Ella (Andrea del Boca) y el niño de la casa (Gustavo Bermúdez) estaban enamorados. Eso ya estaba resuelto y decidido. Sin embargo Ella continuó trabajando como mucama durante meses y meses, tolerando los maltratos de la familia, que no la trataba como a la novia de Él, sino como a una sirvienta. Por qué seguía Ella vistiendo el uniforme en un trabajo tan desafortunado, y por qué Él, su enamorado, toleraba esta situación, es un gran misterio.

que era ciega. Pero Soledad, en El día que me quieras, también es ciega, y sin embargo, aunque no exactamente como mucama, forma parte del servicio doméstico. Adriana, la protagonista de La dueña, una excelente novela venezolana de José Ignacio Cabrujas, tuvo que trabajar de mucama en la casa de su amado, y soportó estoicamente las humillaciones de la novia formal de Él.

LA DUEÑA: TODO LO MIO ES MIO

Era una reunión social bastante tiesa; todos sentados o de pie en torno de una mesa de café. El decorado barato, a la antigua, indica, sin embargo, con unos sillones de estilo y una alfombra raída, que estamos en casa de Purificación Burgos, La Malvada, es decir, en casa de los ricos, La mujer es rica y es mala ¿será por ella que la novela se llama *La dueña*? El motivo de la reunión es la presentación formal de las familias de los novios, Mauricio, el hijo de Purificación, y María Eugenia, una jovencita de buena familia, pero muy mala persona.

Él, Mauricio, es capitán del ejército, y suele andar por ahí con un temible uniforme verde oscuro, aunque en esta ocasión está de traje. María Eugenia es bonita y regordeta; viste uno de esos extraños trajecitos de marinero que proliferan por la novela, y que intentan reproducir la moda de los años 20.

Entonces Ella, Adriana, que está trabajando como mucama en la casa, entra en la sala con una bandeja y sirve el café. Es un momento de gran tensión, porque más o menos todos saben que Mauricio no ama a María Eugenia sino a Adriana, pero las formalidades de la velada siguen adelante.

Adriana sirve el café, como a cada uno le gusta, porque Ella hace muy bien su trabajo por modesto que sea. Cuando María Eugenia prueba su café, sin embargo, dice con visible satisfacción: "El café está frío". Recordemos que María Eugenia es la novia formal de Mauricio.

Como en todos los momentos de gran tensión, una descarga orquestal acompaña estas palabras, para subrayar la escena (¡Tarán!) Todos miran a María Eugenia. Todos miran a Adriana. Nadie sabe qué hacer, y Mauricio menos que nadie.

"El café está frío, y demasiado fuerte. Es una porquería. Ve a la cocina y prepara otro."

Gran tensión. Todos queremos pegarle a María Eugenia con la bandeja de plata en la cabeza. Adriana la primera. Pero ella es la mucama, y tiene que aguantan

"¿Para el coronel también está frío?", pregunta Adriana mirando fijamente al Coronel. Ella aguanta pero también dice lo suyo y pone a Mauricio en un brete. Ella o yo. No es poco el mérito de la escena, si logra formular un "Ella o yo" a través de una taza de café y frente a las dos familias reunidas.

"Está perfectamente bien, desde luego", responde Mauricio, muy molesto. Pero María Eugenia insiste, con esa maldad pueril que tienen las malvadas jóvenes de las novelas, y Adriana tiene que irse a la cocina a prepararle un nuevo café. Pero ya logró su cometido: todos odiamos a María Eugenia.

10
La niñera desaparece

Es interesante observar que el abundante personal doméstico que recorre los teleteatros consta, como dijimos, de mucamas y cocineras, amas de llaves y choferes, pero rara vez vamos a encontrar una niñera.

La niñera, que es un clásico en la literatura gótica del hemisferio norte, no figura entre las contrataciones habituales de los ricos latinoamericanos. La niñera, más que nadie en otras partes, es la encargada de establecer la pesadilla y el pánico infantil en algunos casos, el horror en otros, y e) romance desesperado en otros más. Es una niñera la que tiembla ante las apariciones de los muertos en *Otra vuelta de tuerca*, de Henry James. También es una niñera Jane Eyre, la que se enamora del conde de Rochester en la novela de Charlotte Brontë. Son niñeras las que terminan tomando el poder en las casas de gente buena de clase media en las películas modernas de horror estadounidenses.

Sin embargo, las niñeras prácticamente no aparecen en los teleteatros. Y esto sucede, tal vez, porque en los países latinos no existe la cultura específica del cuidado de los niños, lo que en Estados Unidos se llama *baby sitting*.

Baby sitting significa quedarse a cuidar a los niños. No necesariamente tiene que ser una niñera profesional. Puede ser la hija de los vecinos, una niña apenas mayor que los chicos a los que tiene que cuidar. Puede ser un chico. Puede ser la misma vecina. El *baby sitting* es una actividad razonablemente bien paga que queda fuera de la connotación de servicio doméstico. Como es frecuente en el idioma inglés, no indica sexo ni otra cosa alguna, más que el hecho de quedarse a cuidar a los niños. Lo hace cualquiera, en forma temporaria o permanente, en condiciones a pactar cada vez, como por ejemplo John Travolta con el bebé de Kirsty Alley en la película *Mira quién habla*.

En los países latinos el cuidado de los niños forma parte de la tarea global del servicio doméstico. Generalmente es la cocinera quien se hace cargo: tal vez porque es gorda, o porque es la que da de comer, y dar de comer en un país latino concede un gran poder.

La niñera en los países latinos es una suerte de extravagancia de los ricos, que no se revela en los teleteatros a pesar de la delectación que este género siente por las extravagancias. Es probable que las niñeras no prosperen en los teleteatros porque su tarea juega en contra de la historia; su sola presencia molestaría en el tejido de la trama.

La niñera no es tan fácil de humillar como la mucama.

La mucama puede ser humillada porque presuntamente el café está frío o hay restos de polvo sobre el *dressoir* (mueble de teleteatro, el *dressoir)*. En cambio, si hay que humillar a la niñera, el objeto cuestionado tendrán que ser los niños, y eso propone una ecuación narrativa que no "cierra" en el esquema del teleteatro.

Los niños tienen su propio protagonismo en el género. Están ahí para llorar por una madre muerta, Andrea del Boca la primera. No hay niños en el teleteatro que se formulen sólo para sostener la problemática de una niñera. Es más, me animo a decir que casi no hay niños pequeños en las familias de los ricos.

Los niños de los teleteatros suelen ser pobres, desprotegidos, huérfanos, con un hambre antigua que parece hacer más profunda su mirada. Si no son niños de la calle, entonces estamos frente al Niño, el hijo de Dios, la criatura que tuvo la heroína por ese único momento de perdición al que la llevaron su juventud y su inexperiencia. Pero ésos son los niños que se pierden, que van al orfanato, que escapan en brazos de una criada fiel y un poco bruta.

Esos niños forman parte de la trama más central del teleteatro. Es en torno de ellos, de su supervivencia y devenir que trata toda la cuestión. Es precisamente por los sacrificios que implica criar un niño en la adversidad, en la soledad y en la pobreza que toda la historia tiene sentido.

No. Lo último que tiene un niño así es una niñera.

La niñera no entra dentro del esquema del teleteatro porque el servicio de niñeras no está instalado en la comunidad latina y en consecuencia la memoria ficcional no lo registra.

En los relatos góticos del hemisferio norte la niñera es con mucha frecuencia la Malvada. Esto es común en películas clásicas de terror, en versiones modernas del género y hasta en una parodia que hizo sobre este tema el programa de dibujos animados Los Simpson, en el que una niñera contratada para la noche (una *baby sitter*) resultaba ser una temible delincuente.

Entre nosotros esta alternativa no parece viable: la asociación del mal con los niños no pertenece a la mitología latina, y la sola idea haría correr un frío por la espalda al público tradicional.

11

Amame o déjame

Dije más arriba que el ámbito académico y los medios de comunicación comienzan a prestarles atención a los teleteatros. Autores como Elíseo Verón y Beatriz Sarlo se han ocupado del tema. Los medios, a su vez, están atentos a cualquier alternativa que se presente en el mundo de las novelas. Las noticias pertinentes se manejan con la misma —inédita— seriedad con la que el *New York Times* anuncia que Steven Spielberg ha resuelto fundar un nuevo estudio de cine. Osvaldo Laport, héroe de *Cosecharás tu siembra y Más allá del horizonte,* deja la productora de Omar Romay y pasa a la empresa mexicana Televisa. Después de protagonizar El *día* que *me quieras* para Televisa, Osvaldo Laport decide volver a la productora de Romay. Ahí hay una noticia política y se maneja como tal.

Como noticias políticas, estas cuestiones interesan a los medios, pero tienen bastante sin cuidado al público. El público quiere ver la novela. No le importa, a veces ni siquiera sabe si la productora es Berlusconi, Lecouna o Televisa. Quiere ver la novela.

Hasta hace poco tiempo uno no podía hablar de estos temas salvo en privado con unas pocas personas muy allegadas. De ninguna manera habría mencionado la novela en un cóctel o una comida, como tampoco se habría puesto a discutir, digamos, un problema personal de alcoholismo. A menos que se encontrara sin querer con otra persona adicta al género y entonces, en una esquina del salón libre del susurro mundano, ambas conversarían inagotablemente sobre la novela, intercambiando información y opiniones.

Hoy está perfectamente bien visto hablar de la novela en las reuniones sociales, y a veces se toca el tema con fervor genuino y no con afectación posmoderna, El teleteatro ahora es importante por su indiscutible interés como industria trasnacional y tal vez por el aporte de un género nuevo a una cultura finisecular algo fatigada.

Pero antes, antes, en la época del papelón, las cosas eran diferentes. El teleteatro no admitía medias tintas. Convocaba la adhesión incondicional de un público enorme, primordial pero no exclusivamente femenino, y al mismo tiempo provocaba el pudor, cuando no la irritación o cólera desatada de todo el resto.

Es fácil saber por qué la otra mitad del mundo detestaba los teleteatros: como ya dijimos, la acción puede ser enloquecedoramente morosa, las situaciones son de un extremo candor, y se habla de los sentimientos cuando el mundo está preocupado por el dinero.

Menos fácil resulta desentrañar por qué el teleteatro le gusta a esta mitad del mundo, la de los devotos. Tal vez sea porque se habla de los sentimientos cuando el mundo está preocupado por el dinero. O porque las situaciones son de un extremo candor. Y, dado que es condición excluyente estar habitualmente en casa a la hora de la novela, su característica morosidad deja de ser un atributo enloquecedor para convertirse en una promesa de compañía a largo plazo.

Hay una cuarta posibilidad que tiene que ver con el deseo, pero voy a desarrollarla más adelante.

El tema de la siesta, desde luego, ha sufrido toda clase de modificaciones. Una es la tendencia de los canales a programar las novelas a la noche, criterio que ya es costumbre en Brasil con excelentes resultados (y excelentes novelas, también, que la cosa no pasa sólo por el horario).

Pero el cambio principal es la popularización de las videocaseteras, que suprimieron para siempre el problema de los horarios. Toda persona que trabaje fuera de su casa ahora puede grabar su novela y verla a la noche o a la hora que se le dé la gana.

La videocasetera, entonces, suprime uno de los factores importantes de limitación de la novela: los horarios de la gente y la naturaleza de su trabajo. Antes uno tenía que estar en su casa a la hora de la novela —el mediodía, la siesta—: lo más probable es que fuera ama de casa o personal doméstico. Tal vez niña.

Ahora, cualquiera sea el trabajo que ejerza una persona, en una empresa o un comercio, en un banco o en la bolsa de valores, por exigente, neurótica, adrenalínica y demandante que sea su tarea, va a tener su hora de término, su regreso al hogar, su fin del día. Algunas irán al gimnasio a sudar la tensión con aparatos, otras irán a sus reuniones de meditación y clases de yoga, y otras llegarán a casa y pondrán la novela que se grabó a las tres de la tarde.

En cualquier circunstancia y a la hora que sea, la novela mantiene su ceremonia cotidiana, su condición de ritual. Y como todos los rituales, requiere algunas circunstancias más o menos estables. Una de estas circunstancias es la soledad. Pero no esa soledad patética que es la carne viva del dolor rioplatense. No. La soledad a la que me refiero es la operativa y circunstancial, la elemental condición de estar lo bastante solo como para tener acceso al control remoto del televisor, como para ejercer la soberanía de elegir la novela por encima del noticioso o el partido de fútbol.

La batalla entre el fútbol y la novela parece una reproducción televisiva de aquel otro enfrentamiento, el más antiguo de la historia, entre el hombre y la mujer.

La situación más tradicional, la de la siesta, sigue siendo tal vez la más común, la más frecuentada, Aun en esa situación, en una casa con hombre y llena de niños, es proverbial la soledad de la mujer. De la *mujer*. En esa casa va a haber una madre, una esposa, una económa, una doméstica y una diplomática repentista, todas muy atareadas, seguramente muy eficientes. Pero la *mujer* es difícil de encontrar. La mujer. La mujer es más que el conjunto de todos sus recortes socioeconómicos; es más que el perfil mercadotécnico que le dibujan las revistas femeninas. La mujer es un profundo misterio que ni ella misma conoce, pero lo que nos concierne en este momento es que está sola.

Son las tres de la tarde, como todos los días los chicos están en la escuela, el marido en el trabajo.

Son las ocho de la noche, como todos los días acaba de llegar de la calle, se va a dar una ducha y va a preparar la comida.

Esto es esquemático, desde luego, las variantes son enormes. Pero la cuestión clave acá es la frase "como todos los días". Cualquiera sea la circunstancia cotidiana de la mujer, la novela va a formar parte de su momento de distensión y tendrá la calidad de un ritual solitario.

Lo de "solitario" tampoco es tan rígido. Puede extenderse a dos y excepcionalmente tres personas. Pueden ser madre e hija, hermanas, o señora y mucama que se acostumbraron a ver juntas la novela. Pero lo más probable es que la mujer esté sola.

Sobre esta base, tomémosla en forma hipotética, una base solitaria y ritual, la naturaleza del teleteatro cambia de signo. Lo que para cualquiera es enloquecedoramente lento y carente de acción, para la mujer que mira la novela tarde a tarde, sola en su casa, esto no tiene ninguna importancia. Ella no está apurada. Lo mismo que la novela, tiene la vida por delante: una enorme cantidad de tardes desiertas que va a llenar de voces y presencias con los personajes de la historia.

Ella no está viendo una novela. Todas las tardes está visitando una casa, una familia.

Esta es una de las razones por las que la elección de los elencos es tan importante. Porque si las historias son todas más o menos parecidas, la razón por la cual una mujer va a ver una novela sí y otra no es porque le gusta la gente que está en ella. Esta gente van a ser su compañía, sus parientes; sus propios amigos y enemigos. La mujer se va a embarcar en esta historia como en un sueño que le va a durar muchos meses, Ella quiere estar ahí. Quiere ver qué se pone la chica para ir a esa fiesta. Qué le contesta a su amiga cuando ésta la decepciona. Qué cara ponen sus personajes cuando les pasan las cosas. Qué dicen, qué hacen, qué piensan. La morosidad de la acción es lo de menos, ella no tiene apuro. La historia va a avanzar lenta, inexorablemente, como avanza en forma casi imperceptible una labor de tejido. Puede asistir a un diálogo entre los amantes que dura un bloque entero. Qué apuro hay. ¿Hoy no pasó nada? No importa, mañana volvemos.

Para que esto se dé, sin embargo, todo tiene que gustar. Tiene que gustar la heroína. Como ya dijimos, si la heroína no le gusta no se va a identificar con ella, no le va a importar lo que le pase y, lo que es peor, no se va a creer nada de lo que le pase.

Tiene que gustarle el hombre a quien ella ame, porque si no le gusta no va simpatizar con él, no va a sufrir con los desencuentros, no va a "hacer fuerza" por ese amor. Todo va a tenerla sin cuidado.

Pero también tiene que gustarle lo demás, tiene que temer a sus enemigos, nunca despreciarlos. Tiene que divertirse con sus bufones Tiene que envidiar a sus ricos y compadecer a sus pobres. Esa gente va a ser su gente, tarde a tarde, es la casa donde ella va a ir de visita. Va a mirar los adornos de la casa, aunque estén pintados en cartón. Le va a importar la ropa que Ella se pone, pero más la ropa que se pone la Malvada, que generalmente es mejor. Va a registrar los cambios de peinado de las actrices que jamás se comentan en la historia.

La casa de la novela va a ser, de alguna manera, su propia casa, tarde a tarde, durante muchos meses. Una casa que ella puede elegir de entre el menú de propuestas que le ofrece la televisión. Va a optar, entonces, por la actriz, por el actor, por todos los que acompañan, y hasta por la música, que tiene un papel preponderante al iniciarse y al concluir cada capítulo.

La música, sí. Es muy importante.

Una canción bella y emocionante que acompañe durante los títulos es una buena manera de asegurar una adhesión y un estado de ánimo. *Cosecharás tu siembra*, la primera superproducción de Omar Romay, tenía como cortina *Caruso* cantado por Lucio Dalla. Con ese largo transcurrir de cartones, que avanzan con la misma lenta solemnidad que la historia, hay tiempo para escuchar buena parte de la canción, y cuando el capítulo por fin comienza, el público ya está con el corazón desgarrado y la emoción lista para la fiesta sentimental que se le viene.

Apasionada, una de las primeras producciones de Televisa en la Argentina, tuvo el buen tino de poner *No sé tú*, cantado por Luis Miguel. Las novelas, con gran inteligencia, se esmeran cada vez más en la música de apertura, aunque ya hace años supieron usar una canción como *Para quien merezca amor*, de Silvio Rodríguez, y sólo con la canción retuvieron a un público que con gusto se habría alejado mucho antes de una historia que, en mi opinión, no había encarado adecuadamente su temática.

Muchas novelas componen especialmente su canción, y en el caso de Andrea del Boca, ella misma la canta. La suerte comercial de las canciones así compuestas no se corresponde matemáticamente con la del teleteatro. En algunos casos no existe, y en otros puede ser mejor que la novela misma. Esto sucedió con una canción de tanto éxito como *Buenos Aires, háblame de amor*, cantada por Valeria Lynch. La novela, que en mi opinión era excelente, por algún motivo no ocupó el lugar que —siempre en mi opinión— se merecía. En otros casos sucede al revés, es decir, la novela valoriza la canción y la coloca en el mercado. Esto era frecuente en las novelas venezolanas, que promocionaban abiertamente sus canciones al concluir cada capítulo mostrando al cantante en vivo. Cantantes que el tiempo puso en el olvido o levantó a un relativo estrellato, como en el caso de Carlos Mata (*Topacio*) y Ricardo Montaner (*Niña Bonita*).

La cortina musical, entonces, la cara de la heroína, la voz de un actor de reparto, la ropa de la Niña Malcriada o los diálogos insensatos de un par de criadas pueden tener un efecto imponderable en el éxito o el fracaso de una novela. Cualquiera de estas cosas, tal vez, por encima de la historia.

Porque la historia, ya lo dijimos, básicamente es siempre la misma. Sólo tenemos que ver en cada caso quién es el pobre, quién es el rico, y cuál es la dificultad, o la serie de dificultades, por las que estos dos seres tendrán que atravesar para poder reunirse dentro de ciento cincuenta capítulos.

Eso no importa. Lo que importa es lo cotidiano. La visita. El ritual privado que propone a la mujer que está sola en su casa una compañía a largo plazo, una casa alternativa, llena de pasión y aventuras, mucho más interesante y entretenida que su propia casa, dónde sólo se habla de la cuenta del gas, donde sólo se pregunta qué comemos hoy.

O, lo que es peor, donde nadie pregunta nada.

EL PANTANAL, TIGRES Y GACELAS

Ayer, sin ir más lejos, empecé a ver una novela que me va a cambiar la vida, lo supe desde el primer momento, La novela había comenzado días atrás en uno de esos canales de cable dedicados a los teleteatros. Dios bendiga a los canales de cable dedicados a los teleteatros.

La novela apareció súbitamente, sin anuncio en la revista de la programación. Sin embargo, con el control remoto yo debí haberla detectado. Debí haberla olido. Pero me distraje y así fue que me perdí los primeros capítulos.

No importa. Las novelas no son como las películas de cine, donde cada minuto es relevante y su pérdida es irreparable. Las novelas son, como dije antes, sistemas de compromiso sentimental a largo plazo, ritos prolongados, amores eternos. Lo que no vi lo puedo adivinar. Lo que no puedo adivinar, ya me enteraré. Y si no lo puedo adivinar y no llego a enterarme, lo veré la próxima vez que transmitan la novela, en éste o algún otro canal de cable dedicado a los teleteatros.

Dios bendiga a los canales de cable dedicados a los teleteatros.

La novela es brasileña y se llama *Pantanal*. Cuando se estrenó en Brasil, a fines de la década del 80, todo el país se paralizó. A la hora de la novela —de noche— no había reunión que valiera ni asunto que prosperara. Los amigos, los negocios, los deportes, los comercios, todo tenía que esperar.

Esto viene sucediendo en Brasil con cierta frecuencia, casi con cada novela mayor. Pasó con *Dancin' Days, con Vale todo*, con *Roque Santeiro*, con *Pantanal*. Pero el fenómeno "Brasil" vamos a (intentar) desarrollarlo más adelante. Ahora a la novela, que es lo único que importa.

Ella se llama Madelaine y es una chica fina de la ciudad. Él se llama José Leoncio y es una bestia: un ganadero que tiene sus campos enclavados en la selva del Matto Grosso, en territorio de pantanos. Están pero muy enamorados y se aman en escenas increíblemente extensas y curiosamente estáticas, más propias del cine que de la televisión.

Estamos en el corazón de la selva amazónica, a orillas del río. El paisaje, sin embargo, no muestra la proverbial exuberancia que Hollywood reserva para los dramas tropicales, esos bosques tan tupidos que es preciso abrirse paso a machete. Acá la imagen es muy abierta, extensa y ancha como una pampa líquida. Es una imagen curiosamente austera y su misma economía parece potenciar la fuerza vital de la naturaleza. Un cielo de colores escandalosos, el río, un árbol a un costado. Allá atrás, lejos, los bosques. Pájaros y flores, serpientes y caimanes se ven a veces, y si no se ven se huelen, se oyen, se perciben, se temen.

Hay una joven de servicio en la casa, Filó, una mulata muy bella, de esas que andan por la vida metidas en un cuerpo que se mueve con alegría propia. Filó tiene un hijo de unos tres años, Tadeo, cuyo padre es José Leoncio. Es obvio que Filó ama a José Leoncio: la llegada de Madelaine a su vida le produce dolor, pero ningún resentimiento.

Madelaine queda embarazada y empiezan sus temores. Quiere tener a su bebé en la ciudad, con su familia, y José Leoncio accede a llevarla.

Pero cuando llega el bebé —nunca nadie dudó de que sería un varón, y lo fue— José Leoncio estaba arriando ganado muy lejos de ahí. No sólo no alcanzó a llevarla a la ciudad, ni siquiera estuvo presente a la hora del parto. La asistió Filó, del modo en que el mismo José Leoncio asistió a Filó cuando nació Tadeo.

En otra zona del pantanal, pero dentro de la propiedad de José Leoncio, están María y Gil, en un estado de casi completo salvajismo. Escapan de algo, ya me voy a enterar. María está loca de desesperación porque quedó embarazada (tres meses más tarde que Madelaine); quiere ahogarse en el río, quiere veneno, quiere morir. Dice que Dios le manda un niño como a la Virgen María, pero a éste se lo va a mandar de vuelta. Gil no encuentra la manera de consolarla. (¿Qué habrá pasado ahí?)

Cuando le llega la hora de parir María se encomienda a Dios. Dice a Gil que va a caminar un rato —aunque ya cae la tarde— y sale llevando consigo una frazada.

A continuación viene una de esas escenas antológicas en la historia del teleteatro y de la televisión toda, si se me permite decirlo.

María se echa en una canoa, una canoa angosta y larga que parece tallada en el tronco de un árbol. Se echa en la canoa, con su gran vientre, y las piernas bien abiertas, colgadas una a cada lado por encima de los bordes. La canoa baja a la deriva por el centro del río. María transpira, maldice, puja. Promete que va a entregar al niño a Dios, que no lo va a conservar. Dios se lo mandó, pues Él lo va a tener. La canoa navega silenciosa, y María puja, maldice, transpira. A su hora, grita, grita, y cada flor, cada pájaro, cada reptil del pantano gira atento al nacimiento, detiene su canto, su vuelo, su mínimo tremor. De pronto se hace un silencio dramático en la selva, todo parece detenerse. En seguida todos los pájaros levantan vuelo al mismo tiempo, los tigres y las gacelas se erizan, las nubes se ponen negras: un rayo cae a tierra y parte el cielo en dos.

Nació la niña. Nació una niña.

La criatura llora y una brisa la cubre, polen, rocío, el reflejo del río, las nubes que recuperaron su rojo del atardecer. Todo lo que está vivo en la selva la saluda, y ella llora, saluda a su vez. María la tiene en brazos un momento y la mira con ternura, luego la pone en la canoa y la deja partir al centro del río, María se queda en la orilla y la niña envuelta en la frazada viaja río abajo, sola en una canoa.

Nadie se ha visto más solo en el mundo, nunca.

De pronto la niña empieza a llorar, sola en la canoa, en medio del río.

El llanto de la niña estremece la selva, y María despierta de su sopor.

Grita y corre por la orilla, detrás de la canoa. Corre hasta llegar a una especie de remanso. Entones entra lentamente al agua, en un movimiento receloso de cacería. La canoa escapa río abajo y tu corazón se parte de angustia, Dios, la va a perder.

María nada con todas sus fuerzas, grita y la llama. Por fin llega y pone la mano en el borde de la canoa, la alcanzó.

Esta novela me va a cambiar la vida. Ya sé qué voy a hacer de ahora en adelante durante mucho tiempo a las seis de la tarde. Ya me veo organizando mis horarios como para estar en casa a esa hora, o programando la videocasetera en caso de fuerza mayor.

Porque esto es sólo el principio. No es difícil adivinar que el drama principal se va a desarrollar cuando los dos niños hijos del mismo padre, uno legítimo y otro natural, sean adultos, cuando se amen o se odien profundamente (ya veremos), cuando esta niña que acaba de llegar al mundo sea una mujer. Yuma. Una niña cuya primera experiencia en la vida fue estar a punto de morir. Apuesto mi cabeza a que Yuma es esa mujer-leopardo que te hipnotiza desde un árbol en la presentación de la novela. Los ojos del color verde profundo de la selva, la piel dorada de los tigres.

En un capítulo anterior sugerí que el público capaz de adherir a un género como el del teleteatro tenía que cumplir con algunas condiciones de tipo sociológico (incomodidad existencial, malestar cultural) y otras de tipo operativo (horarios estables, rituales domésticos).

Sugerí también que el florecimiento de las comunicaciones, el cable y el satélite, cambiaron el lugar del teleteatro en las negociaciones internacionales y le confirieron un inédito interés.

Con cierta ligereza atribuí este creciente interés a cuestiones de índole exclusivamente económica: un mercado global se abrió en muy poco tiempo para estas historias de las que hasta ayer todos nos burlábamos.

Pero a medida que avanzo en este trabajo me inclino a revisar esas afirmaciones, ya que me parecen tan cínicas como las mismas burlas al teleteatro que tanto deploro.

Hay un secreto en el teleteatro que debemos buscar en las claves del *fantasy* o género fantástico, esa zona enorme de la literatura —casi siempre marginal, eso sí— que incluye desde los cuentos de hadas y los mitos utópicos, hasta las leyendas folklóricas, la ciencia ficción y los relatos de horror. Personalmente, yo propongo agregar el teleteatro a las formas del género fantástico.

Lo que tiene el *fantasy* de característico es que plantea un territorio diferente del humano, del que ligeramente podríamos llamar "real". En cualquiera de los textos del *fantasy,* desde *La Bella Durmiente del Bosque* en adelante, pasando por *Frankenstein*, *Drácula*, *El Hombre Lobo*, *El doctor Jekyll y Mr. Hyde*, *La Mujer Pantera*, *El Hombre Mosca*, *Superman* y *Batman* también, todas estas formas de ficción plantean el deseo (y el temor, según) de "otra cosa", diferente de la "real" y "posible".

A partir de esta "otra cosa" surge un largo capítulo de la literatura universal que se concentra en la idea del "doble". Pero lo que nos interesa ahora es la función del *fantasy*, la manera en que operó socialmente a través del tiempo. Este tema interesó a autores como Sartre, que afirma (citado por Rosemary Jackson, *ibídem):* "Mientras prevalecía la fe religiosa, el *fantasy* hablaba de saltos hacia otros territorios a través del ascetismo, el misticismo, la metafísica o la poesía. ... Manifestaba nuestro poder humano de trascender lo humano. Los hombres procuraban crear un mundo que no fuera de este mundo, En una cultura secular, el fantasy tiene una función diferente. No inventa regiones sobrenaturales, pero presenta el mundo natural transformado en una cosa rara, en otra cosa". (Sartre, 1947).

George Bataille sintetiza esta idea en una sola frase: "Esas artes que mantienen dentro de nosotros la angustia y la recuperación de la angustia son las herederas de la religión". (Bataille, *Literatura y Mal*)

Yo sólo cité dos, pero todos los autores coinciden en la "otredad" como una de las claves del fantasy. Y una de las claves de la crítica consiste en detectar dónde se ubica esa "otredad" según pasan los años.

Un maestro para detectar mundos paralelos, "otros" mundos, con su carga de aprensión y deseo —sobre todo deseo— es Stephen King. En su novela *El talismán** existe un mundo paralelo al "real", un mundo al que el protagonista, un chico de unos doce años, viaja ida y vuelta con relativa facilidad.

Aquél mundo es fascinante; parecido a éste pero más sano, más abierto, más primitivo, más intenso. La comida sabe

* Escrita en colaboración con Peter Straub

mejor, el cielo se ve más azul, el aire es más leve, prácticamente se puede levitar. Mientras lo leía —y no debo haber sido la única— me descubrí tratando de hacer ese viaje, pasar a ese "otro" mundo por un acto de la voluntad.

En otras novelas de King, por ejemplo las que integran la serie de la *Torre Oscura*, el "otro" mundo no es deseable ni mucho menos. Se entra por una puerta recortada en la nada y se aparece en una siniestra playa gris, poblada de cangrejos asesinos.

La característica básica del género fantástico, entonces, consiste en romper la ficción naturalista con una realidad diferente, lo suficientemente parecida al mundo "real" como para que resulte verosímil. Este "otro" mundo puede proponer una pesadilla sin solución, como en los relatos de Kafka, o una fantasía de dificultades con final feliz, como los cuentos de hadas y los teleteatros.

En el teleteatro no tenemos —al menos como protagonistas condes vampiros ni monstruos construidos en el laboratorio con trozos de cadáveres. Pero si hay una idea básica a lo largo de toda la historia, en todas las historias, es la otredad. Otra identidad, otro padre diferente del presunto padre, otro apellido, otra casa, otro destino, otra fortuna. La historia avanza lentamente porque encalla a cada rato en las mentiras, los secretos, lo que no se puede decir, lo innombrable. *Fantasy* puro. La mucama no es en realidad la mucama, es la heredera de una fortuna inconmensurable: otro territorio, otra realidad. *Corazón salvaje,* una novela mexicana de época que se dio en Buenos Aires en 1994, giró de cabo a rabo en torno de la batalla del héroe por su apellido, el reconocimiento de su identidad, la de ser hijo de quien era hijo y así dejar de ser un innombrable, un bastardo, el "otro".

La "otredad" es simétrica en *Topacio,* donde ella es hija de los amos pero se crió como una niña natural, hija del bosque y para colmo ciega. El que aparece oficialmente como hijo de los amos, criado con todos los privilegios y amor familiar es en realidad el bastardo de origen desconocido, que hoy tiene título de médico y vista perfecta (que eventualmente también va a perder). (Y luego a recuperar, porque es una ceguera psicológica.)

A medida que vacilaban y a veces caían las fortalezas de la fe religiosa, entonces, crecía en la vida cotidiana esa sensación más o menos inasible, conformada por el desasosiego y la ansiedad existencial. Ésa es la sensación que de todas las formas imagíinables y otras inimaginables nombró y dejó por escrito la forma de literatura que llamamos *fantasy*.

El primero que intentó poner algún orden en este fárrago de ocultos deseos y aprensiones fue un crítico de origen ruso llamado Svetan Todorov. Él propuso un cuadro, un diagrama con tres formas básicas del género fantástico, que denominó: 1. lo maravilloso; 2. lo fantástico propiamente dicho, y 3. lo extraño.

MARAVILLOSO

Todorov entiende por maravilloso ese tipo de relato que se transcribe directamente desde la imaginación, sin atenerse a límite alguno de realidad, razón o sentido común. Son maravillosos por excelencia los cuentos de hadas, donde los espejos hablan con las reinas y opinan sobre belleza, las botas saltan siete leguas en cada paso y los conejos organizan reuniones para tomar el té.

El relato está narrado por una voz impersonal y autoritaria, que comienza con la frase "Había una vez..." y a partir de ahí presenta los hechos en forma contundente, sin cuestionarse ni preguntarse nada. Uno tiene que aceptar estos hechos con docilidad, por raros que sean. El narrador parece perfectamente convencido de lo que cuenta, de manera que uno sólo tiene que seguir la historia de una manera pasiva hasta llegar a la frase final, que suele ser "... y vivieron felices para siernpre".

FANTASTICO

Con lo fantástico empiezan los problemas. Se comienza con un relato perfectamente real y verosímil, y en cierto momento ese realismo se rompe con la irrupción de algo irreal. Gregorio Samsa —el protagonista de *La metamorfosis*, de Kafka era un hombre común, igual a cualquiera de nosotros, iba a la oficina, tomaba la sopa, hasta que un día empezó a convertirse en una cucaracha.

Acá la voz del narrador no es autoritaria ni parece saberlo todo como en lo maravilloso. Al contrario, duda y se angustia lo mismo que el protagonista; no entiende lo que pasa. Junto con el narrador y el protagonista, también duda y se angustia el lector.

La nariz, de Gogol, es un cuento fantástico. Narra la historia de un hombre al que un día se le cae la nariz, y ésta comienza a tener vida propia. Son fantásticos muchos relatos de Stephen King, como *Christine*, la historia de un auto indestructible y con voluntad propia. Son fantásticas por excelencia las aventuras que contó por millares la serie de televisión *La Dimensión Desconocida (The Twilight Zone)*.

EXTRAÑO

En la zona de lo extraño no hay certeza alguna, ni al principio ni al final. Ninguna voz omnisciente y "objetiva" hace afirmaciones tranquilizadoras. El lector queda indeciso, no entiende qué pasó y nadie se lo explica.

Para Todorov, los ejemplos paradigmáticos de lo extraño son los cuentos de Edgar Allan Poe.

Lo maravilloso, lo fantástico y lo extraño constituyen zonas de limites borrosos, que se mezclan entre sí y en la mayoría de los casos resultan difíciles de delinear con precisión. Otros críticos más tarde discutieron esta organización de Todorov, pero en términos generales se han reconocido estas categorías básicas. Y personalmente, si tuviera que ubicar el teleteatro dentro de esta configuración, no dudaría en colocarlo dentro de lo maravilloso puro, junto con las leyendas y los cuentos de hadas.

En el teleteatro no hay calabazas que se convierten en carruajes hasta las doce de la noche, pero hay otro tipo de afirmaciones igualmente atrevidas, que requieren también de una voz autoritaria del narrador para formularlas y una actitud pasiva del contemplador para creerlas.

Pertenece al género maravilloso la situación en la que el joven rico y ganador se enamora de la humilde mucama semianalfabeta y primitiva que trabaja en la casa.

Es cierto, ella es hermosa. Si la representa Grecia Comenares va a ser pura con ribetes angélicos, va a tocar algo en Él que lo va a conectar con lo mejor de sí mismo, con su propia bondad, con las virtudes que hasta ahora estaban atontadas por el alcohol y la vida disipada. Si se trata de Verónica Castro, la mucama va a ser divertida, desfachatada, un poquitín insolente, básicamente insobornable. La actitud de ella lo va a enfrentar con sus verdaderos valores, lo va a despojar de todos los trucos de niño rico que funcionan con las chicas comunes, y lo obligará a rescatar su esencia, su hombría de bien.

En cualquier caso, ella es hermosa, virtuosa, generosa. Y él la ama.

En el mundo "real" es posible y hasta frecuente que el chico de la casa se fije en la mucama. También es posible y hasta frecuente que realice su iniciación sexual con ella. ¿Pero que se enamore? ¿Que se desencadene una pasión de amor que lo lleve a él a enfrentarse a su familia, a revisar su pasado, a poner en juego sus relaciones sociales, a reformular su futuro? ¿Que pase por encima de las cosas que verdaderamente dividen a las personas de diferente origen y que el teleteatro jamás menciona?

Esta, una situación clásica del teleteatro, es una de las formas posibles de narrar la Cenicienta, cuento de hadas, género maravilloso.

Estrellita, Galleguita, Celeste, Verónica, sería demasiado extenso enumerar la cantidad de novelas en las que el chico de la casa se enamora de la mucama y sucede todo lo demás. Pero hay un caso interesante, una novela de inusitada crudeza que se estrenó en Buenos Aires en 1986, llamada *Venganza de mujer*, de Delia González Márquez, con Luisa Kuliok y Raúl Taibo.

El chico rico de la estancia con sus tres amigotes de la ciudad están muy borrachos después de una juerga y violan a la chica pobre y primitiva que vive en un rancho, que se llama nada menos que Némesis (Némesis es la diosa griega de la venganza). Esto se vio en el primer capítulo, y la escena de la violación fue algo inédito en el género por su violencia, su duración y el grado de detalle. Cuatro borrachos violando a una chica, más parecía uno de esos programas americanos dedicados al delito que el inicio de un relato presuntamente romántico.

Y lo daban a la hora de la siesta.

Curiosamente, esta escena pasó más o menos inadvertida cuando el teleteatro se estrenó, pero años más tarde lo volvieron a proyectar, y entonces sí se levantaron muchas voces airadas para protestar por el horario de protección al menor y otros derechos civiles.

Pero volviendo a lo nuestro. Esa violación parecía demasiado realista para el tipo de tribulación que recorre los teleteatros. (En *Topacio*, por ejemplo, a una violación se llama "abuso" y no se entra en detalles.) ¿Una violación múltiple? ¿Qué se hizo de lo maravilloso? ¿Dónde quedó el zapatito de cristal?

Lo maravilloso vino a continuación. Después de la violación los cuatro tarambanas, chicos ricos de la ciudad, se arrepienten. Se arrepienten con tanta intensidad que esto modifica la vida de todos ellos. Uno de ellos (representado por Daniel Miglioranza) llega incluso a tomar los hábitos y se hace cura. El niño rico de la casa, naturalmente, se enamora de Némesis y se quiere casar con ella.

(Ella naturalmente se niega, pero éste es tema de otro capítulo.)

El modo maravilloso, entonces, es característico del teleteatro, es tan difícil que en la vida real prospere un amor por encima de las barreras sociales como que un camello pase por el ojo de una aguja. Los únicos matrimonios "mixtos" que se producen de vez en cuando son los que se forman entre la realeza y los ricos.

Stephanie de Mónaco podría ser una excepción, desde que se casó con el que era su guardaespaldas.

Por cierto, no es solamente de matrimonios mixtos que estamos hablando. Son maravillosos también los acontecimientos que bordan la historia del teleteatro, las increíbles casualidades, los encuentros inesperados y los horribles malentendidos, que van a servir indistintamente para alejar a los que se aman por otros cuatro meses (de la novela) o reunirlos por fin cuando ya la cosa no da para más.

Muchachas modestas convertidas en modelos internacionales, jóvenes campesinas al mando de empresas portentosas, malvadas todopoderosas que hacen y deshacen matrimonios a su capricho, cualquiera sea la historia que cuente un teleteatro encontrará un público creyente y pasivo que no va a cuestionar nada de lo que ahí suceda.

Y si lo que ahí sucede puede parecer ridículo, hay que recordar lo que dijo el crítico de arte Leonello Venturi con respecto al gótico, en cuanto a que no conviene compararlo con el arte griego: hay que medirlo dentro de sus propias leyes.

Y las leyes del teleteatro pueden parecer naturalistas, pero no lo son. Recordemos que estamos sumergidos en el océano de aguas raras, a veces cristalinas, a veces turbias, del género fantástico.

13
Ella era buena

Pongamos una cosa en claro desde ahora. Ella era buena. Si hay un atributo indiscutible en la conformación de la heroína, va a ser ése. Ella era buena, pura, inmaculada. Un Alma Bella. Durante años va a rechazar con repugnancia los avances concupiscentes de cuanto hombre tenga a su alrededor —todos la van a amar y desear—. Ella ama a uno solo; una sola vez va a abandonarse a la sensualidad y caer en sus brazos. Pero la fertilidad en los teleteatros tiene una asombrosa puntería: una sola vez va a hacer el amor y esa sola vez va a quedar embarazada. Escarmiento divino o Ley de Murphy, no sé.

Ella va a tener a su hijo, desde luego, contra todos, sola en el mundo y pobre como una rata. Pero nunca más nadie le va a tocar un pelo durante décadas. Después de esa única caída en la voluptuosidad de la carne, Ella va a embarcarse en la epopeya de su propia vida en medio de una pureza absoluta.

La virtud de la heroína no se manifiesta solamente en abstinencia carnal. Ella es buena, buena. Tiene vocación por la abstinencia en general. Siempre está dispuesta a dejarlo todo por alguien. Pongamos *Nano*, por ejemplo, Araceli González y Gustavo Bermúdez: después de tantas dificultades para encontrarse, tanto obstáculo familiar, tanta complicación sentimental, y ahora que Ella pudo superar su mudez (psicológica, viste), ahora sí, Ella descubre que su hermanita está enamorada de Nano y qué creen: está dispuesta a dejárselo, a cederle su hombre, a renunciar

Nuestra heroína —cualquiera sea el teleteatro— tiene todas las virtudes de un Alma Bella: va a cargar con todas las culpas porque es incapaz de denunciar a nadie, aunque sea su peor enemigo; va a caer en celdas hediondas de cárceles u hospicios porque no conoce ni la sombra de una astucia para protegerse. Tiene el espíritu ascético de quien no necesita nada de la carne, de la vida mundana, de los placeres físicos. Ella es sólo espíritu. Por eso no es raro que se haga monja, al menos por un rato.

Más arriba comentábamos las relaciones textuales y sociales que existen entre el teleteatro —como heredero del gótico, como hijo de la gran familia del *fantasy*— y la religión. Me refiero a la religión formal, institucionalizada en una Iglesia, con sus conventos, sus monjas y sus curas, y también la religión informal y cotidiana, el pensamiento religioso que acompaña la vida diaria de los mortales y trata de darle un poco de magia, un poco de justicia, una breve epifanía.

"Son las herederas de la religión", dijo Bataille de las formas artísticas del género fantástico.

Ciertamente los teleteatros están llenos de señales religiosas. Las mujeres sencillas y buenas de la trama, las madres modestas, las viejas criadas, la gente de bien —más las mujeres que los varones— andan siempre con el Cristo en la boca, invocando a la Virgen, encendiendo velas y dialogando abiertamente con su santa favorita.

Más contundente que una señal religiosa, hay razones profundas para llevar a nuestra heroína a tomar los hábitos y ver la vida a través del ventanuco de una celda, en un convento apacible mas ascético. Y por eso es tan frecuente que Ella se haga monja, como Luisa Kuliok en *La extraña dama*, como Verónica Castro en *El derecho de nacer*.

Lo mismo que las monjas, las heroínas del teleteatro cumplen con las tres condiciones que requiere la consagración: castidad, obediencia y voto de pobreza. De la castidad ya hablamos: Ella tendrá una única caída (sobre la cama) que será a la vez bendecida y castigada con un embarazo. Y el resto es castidad absoluta. Esto es así ya sea que Ella tome los hábitos o no. *Rosa de lejos* no tomó los hábitos, pero nadie le tocó un pelo durante tal vez veinte años, tal vez más, después de su caída en Plaza Italia.

La obediencia se refiere a la interpretación correcta de la voluntad de Dios. Camila (Araceli González) debe entender que es la voluntad de Dios el hecho de que su hermana se haya enamorado de Nano, y por eso está dispuesta a retirarse y dejarlo por ella.

Con respecto al voto de pobreza, eso depende. Si es una heroína tradicional, arrancada de un rancho con piso de tierra perdido en ninguna parte, no tiene necesidad de hacer voto alguno. Conoce el tema mejor que nadie y no le teme. Como dicen los americanos, "su segundo nombre es Pobreza".

Pero muchas veces Ella es hija dilecta de una familia acomodada, "de la mejor sociedad de Veracruz", como era María Elena en El *derecho de nacer*. Todo lo que es clásico en una novela sucede acá: ella queda embarazada después de una única caída en el amor, y su padre (el de Ella, no el del niño), como no tolera la vergüenza social de este pecado manda matar a la criatura, quien consigue escapar con vida en brazos de una criada negra. María Elena cree que el niño ha muerto y su desesperación no conoce fronteras. Entonces se hace monja, qué más. En este caso se aplica el voto de pobreza. Ella renuncia a todos los bienes materiales. No le interesan, no le alcanzan, no le compensan su trágica pérdida.

Porque el dinero no hace la felicidad ¿recuerdan?

Pero la razón más frecuente por la cual la heroína de un teleteatro se hace monja es para escapar del Mal, para dedicarse al Bien. Ella trata de ocultar su belleza tras el hábito austero y gris y se supone que no lo logra (en los hechos eso es opinable). Reza, medita, atiende a los pobres, cura a los enfermos. Muy de vez en cuando visita a su familia y sufre por todos ellos, tiene compasión hasta por quienes más la perjudicaron. Especialmente por quienes más la perjudicaron. ¿Por qué? Porque Ella *es* buena.

Cuando deja por fin el convento no es porque sucumba por fin al llamado del mundo, qué va. Deja el convento porque tiene que ocuparse de su hijo o de su hija que finalmente apareció, o porque es la voluntad de Dios que haga el Bien en otra parte.

En cualquier caso, la frecuencia con que aparecen las monjas en los teleteatros es coherente con las ideas expresadas por Sartre, Bataille y tantos otros pensadores, en cuanto al lugar que ocupan las piezas del género fantástico en general y el gótico en particular. Herederas de la religión. Formas terrenales más modestas de comunicarse con lo trascendente, incluso de formular lo trascendente.

Entonces Ella era buena. No conoce la maldad, pero tampoco tiene astucia ni otro alguno de los atributos de los pícaros. Lamento decir que tampoco tiene sentido del humor, en la inmensa mayoría de los casos.

Alguna protagonista de Alberto Migré, tal vez, Soledad Silveyra o María del Carmen Valenzuela en Pobre *diabla* o *Pablo en nuestra piel*, podía llegar a tener alguna picardía, algún gesto emancipado de la tragedia, pero por lo general la heroína típica del teleteatro es esa tímida gacela de pestañas temblorosas, envuelta en una capa de pureza tan sólida que la crudeza del mundo no puede vulnerar. O esa mujer heroica que debe luchar contra tantos contratiempos y fatalidades que se olvidó de sonreír.

El humor es uno de los puntos ciegos en los teleteatros, una de sus desgracias. Generalmente se lo concentra en un par de personajes característicos, dos mucamas chismosas, o un detective constantemente equivocado, o lo que es más triste, la caricatura de un homosexual. Por lo general son intentos desafortunados que no le hacen gracia a nadie.

Los personajes de la última época de Andrea del Boca, *Celeste*, *Antonella* y *Perla negra*, novelas de Enrique Torres, proponen en este sentido un perfil de heroína diferente. Las tres comparten un estilo más bien contestatario, listo para la réplica, bromista y peleador. En *Perla negra*, Ella y todos en general muestran una cierta tendencia a expresarse con refranes populares. Pero en todo caso, ésta es una novedad con respecto al estilo clásico de heroína dulce y sumisa. En las últimas novelas, Andrea del Boca representa personajes que tienen cierto humor, sí, y además insultan y profieren tremendas amenazas. Algunas de estas amenazas llegaron a insinuar peligro para los genitales de su enamorado.

Este novedoso estilo, como es natural, se rige por la pericia de los libretistas y la gracia propia de los actores. La adhesión o rechazo que esto despierte ya pasa al plano estrictamente personal. Especialmente en el caso de la protagonista. Como dije antes, el vínculo que se establece con la actriz que encarna a la heroína es definitivo: si ella te gusta, te gusta todo lo que haga y diga. Y si no te gusta, cambiás de canal.

Si vamos a hablar de la virtud, un caso extraordinario para comentar es el de *Dona Beija,* una novela brasileña que se proyectó en Buenos Aires tiempo atrás. Como su nombre lo indica, estamos ante la historia de Dona Beija (Doña Bella), la heroína absoluta de la historia. Lo curioso es que Ella, embanderada con todas las virtudes propias del género, la pureza y la bondad, es nada menos que la madama del más importante prostíbulo de una extensa región de Brasil donde se desarrolla la historia.

Es cierto que los teleteatros, un género estrictamente femenino al menos en su origen, es bondadoso con las prostitutas. Por lo general aparecen como mujeres generosas, compasivas, más bien alegres y modestas. Nunca jamás una puta fue La Malvada. Son chicas que no tienen maldad alguna, y, digámoslo, tampoco tienen poder.

Esto es así con las pupilas de un prostíbulo, pero no necesariamente con las cuentapropistas. La degenerada que tiene un departamento propio y con malas artes seduce al marido de la heroína ya no es tan simpática.

Pero las que trabajan en una casa, chicas jóvenes abandonadas por el destino, o no tan jóvenes pero buenas como el pan, a ésas no se las vio nunca hacerle daño a nadie, al contrario. Se las muestra casi como trabajadoras sociales, sin prejuicio autoral ni comentarios editoriales. Dona Beija, entonces, es la madama de un prostíbulo muy particular. Por lo pronto Ella —como su nombre lo indica— es dueña de una belleza rutilante, enmarcada por una cabellera digna de un monumento griego.

(*Dona Beija* pudo con mi hija. Nunca antes ella había visto un teleteatro, era chica, no tenía paciencia, tenía que estudiar, tenía que salir, tenía que escuchar rock and roll. Pero un día vio un capítulo de *Dona Beija* y su corazón dejó de pertenecerle. Ahora vivía pendiente de la suerte de *Dona Beija*, y trataba de imitar sus peinados, unas complicadas estructuras del siglo XIX que se encaramaban altivas por el camino de las sienes, para luego caer en bucles dorados sobre la nuca. Un día descubrió con pesar que eran pelucas. La desilusión le dio una puntada aguda pero breve. Ahora miraba la novela pero ya no trataba de imitar sus peinados.)

Parece que Ella entró en la prostitución porque no le *quedó más remedio*. Un hombre poderoso (gordo, viejo y malo) de su pueblo natal la quiso para sí cuando ella era pequeña, y el cura del lugar (atención, el cura) hizo valer todo su poder místico, carismático y sobrenatural para convencerla —a ella y a sus padres— de que "era la voluntad de Dios" que ella "obedeciera" y se quedara con el hombre poderoso, aunque fuera gordo, viejo y malo.

Algo turbio pasó ahí que ignoro. Posiblemente él la usó y la arrojó a un prostíbulo. Lo importante es que ella está en ese lugar porque el Destino la llevó cuando era demasiado joven y débil como para escapar, como para elegir. Ella está ahí porque no le *quedó más remedio*.

El tiempo pasó, de pupila llegó a madama, y ahora la casa es suya. La mansión es tan lujosa que le queda grande al concepto de prostíbulo. Y como prostíbulo, hay que decirlo, es bastante peculiar.

La fama de Dona Beija trasciende fronteras y hombres de todas las comarcas, vecinas y lejanas, viajan hasta ella con la esperanza de ser admitidos en el lugar. Ser rico es sólo una de las condiciones.

Ella hace reuniones, por las noches, y recibe a la flor y nata de la sociedad brasileña y sus alrededores. En el mejor estilo de Madame Staël, Oriana Guermantes o Mariquita Sánchez de Thompson, su salón es un cenáculo apetecible, donde imperan el buen gusto y la inteligencia, la belleza y la fortuna.

Las pupilas prácticamente no se ven. Son como duendes, o ángeles de inmaculada belleza que rondan ingrávidos por los salones. Dona Beija es la reina del lugar, rodeada de hombres ricos, poderosos, interesantes y a veces incluso apuestos, hombres que se mueren por ella y darían cualquier cosa por pasar una noche en sus brazos.

Y ella elige, uno por noche.

Así es el juego. Todos saben que ella va a pasar la noche con uno de ellos, uno que va a tener el enorme privilegio de dejar en sus manos una parte sensible de su fortuna por semejante privilegio. Y cada uno de ellos se mata por ser el elegido.

Entonces, a cierta altura de la velada, Dona Beija sencillamente mira con cierta intensidad al elegido y extiende su mano. El hombre, arrebatado, va hacia ella, toma su mano, y ambos se alejan hacia la intimidad. La velada terminó, el resto se retira educadamente.

Hay un amor, desde luego. El hombre a quien ella ama con desesperación es Antonio. Una larga serie de desencuentros y malentendidos, por supuesto, hacen que Antonio se case con otra —alguien "decente" , de "buena familia"— a quien Antonio no ama aunque no deja de hacerle hijos, uno detrás del otro. Pero también es el padre de los dos hijos de Beija, aunque nunca se hable de formalizar esa situación.

Este amor desesperado tiene como fondo la revolución de Brasil, su independencia de Portugal, sobre la cual se aprende más con la novela que en las clases de Historia de la escuela. Una jugada política, por fin, una venganza, termina con la vida de Antonio, un mes antes del final de la novela. Dona Beija, desde luego, sobrevivió. Cerró la casa y se retiró con sus hijos a disfrutar de su inmensa, inconmensurable fortuna.

(La muerte de Antonio sumergió a mi hija en el más negro abatimiento. Pobre, su primera experiencia con una novela la sometió a una prueba tan dura. No es frecuente que un personaje protagónico muera al final de una novela, y cuando esto sucede provoca un dolor intenso y genuino entre los seguidores. Es lógico, es como si hubiera muerto alguien de la familia, un conocido cercano, alguien a quien vimos y visitamos todas las tardes durante muchos meses. Mi hija nunca se consoló por la muerte de Antonio. Ayer le mencioné el asunto a raíz de este libro, y su cara mostró intacto el pesar que sintió entonces.)

Hubo un caso muy controvertido precisamente por su final trágico. Se trata de *Piel naranja*, la novela de Alberto Migré que hizo popular a Arnaldo André. *Piel naranja* puso de moda el folklore paraguayo —al menos la frase "Ro haiju" (perdón por la grafía), el famoso "te quiero" guaraní.

Acá tenemos un caso de infidelidad, asunto delicado si tenemos en cuenta que la heroína del teleteatro debe lucir una Virtud Irreprochable. Pero Marilina Ross, una mujer muy joven casada con un hombre mayor (Raúl Rossi), luchó con todas sus fuerzas para evitar ese amor. La historia transcurre en un campo que pertenece a Raúl Rossi, quien, para empeorar las cosas, es un hombre muy bueno y difícil de traicionar.

El público siguió paso a paso, la lucha interior de Marilina Ross para contener sus deseos, el impulso de echarse en brazos de ese pedazo de hombre que la miraba fijo en las húmedas noches del litoral. Ella se sentaba en el borde de la ventana con su guitarra y cantaba "Queréme... "

Pobre, resistió todo lo que pudo, y el público fue testigo. Cuando no resistió más, y una vez que se dejó bien en claro que Ella no era ninguna descocada, se echó en sus brazos y tuvieron *aquel* amor,

Pero claro, un amor como ése no podía prosperar, porque era un amor contruido sobre la base de un dolor ajeno, el dolor de un hombre bueno como Raúl Rossi. Cunde el dolor, todos sufren, asoma la tragedia.

Raúl Rossi en efecto toma un arma (era un arma larga, un rifle o una escopeta, algo así) y como sueña el tango, como amenaza el bolero, los mata a los dos.

La gente no lo podía creer. Prácticamente podría decirse que se levantó en armas el público también. Cómo le matan así a sus enamorados. La gente se sintió agredida por este final, estafada. Un amor donde cada uno había puesto sus propias ilusiones, que había acompañado los sueños de innumerables noches argentinas, terminaba así, en un charco de sangre, en medio de un dolor profundo y con olor a muerte.

No y no, la gente protestó. Migré fue objeto de muchos reportajes donde se le recriminó este final, se le demandó explicaciones. La gente estaba muy molesta.

Pero Migré tenía razón, esta historia no podía tener ningún otro final. ¿Lo iban a dejar a Rossi solo cuidando sus naranjales? ¿Cómo iban a disfrutar de ese modo de su amor? ¿Ella iba a renunciar a Arnaldo André? ¿Entonces no era un amor irrenunciable? ¿Rossi la iba a dejar ir? ¿Qué, acaso no la amaba? No había otro final posible. Y atención, que no estaba planteado como una moraleja; el teleteatro no la acusaba a Ella de adúltera, no la condenaba como infiel. El narrador fue comprensivo en todo momento, pero la Ley es más fuerte y ellos tuvieron que morir.

Un elemento interesante de los teleteatros consiste en la capacidad que tienen de hacer visibles las manchas morales. El malo de *Topacio*, Martín Huidobro, tiene una mancha horrible que le desfigura la mitad izquierda de su cara, mitad que él habitualmente tapa con la mano para evitarle el disgusto a su interlocutor,

Tiene esta espantosa cicatriz como producto de un incendio, donde presuntamente él le salvó la vida a Topacio, aunque eso está por verse, claro. Al final de la novela nos vamos a enterar de muchas cosas.

Hay muchas novelas en las que alguien aparece con una capucha durante buena parte de la historia. Lo más frecuen-

te es que se trate de víctimas de incendios, como Martín Huidobro, y con los incendios y demás tragedias es así: si eres
mala quedas pavorosamente desfigurada; si eres buena, quedas ciega o en silla de ruedas.

En ese sentido fue raro —por decirlo de algún modo el
hecho de que María del Carmen Valenzuela quedara desfigurada durante algún tiempo en la novela *La cuñada,* a causa
de un accidente que también tuvo que ver con el fuego.

Raro, porque Ella era la Heroína, y ninguna heroína quedó jamás desfigurada por el fuego. Esto no le cabe a una heroína porque esas cicatrices horribles mueven a la repulsión.
Como dije, son señales visibles de las fealdades morales. Las
heroínas de los teleteatros no pueden resultar jamás repulsi-
vas. Si cometen un pecado, como Marilina Ross, tienen que
morir. Y si no cometen pecado alguno pero son víctimas de
un Destino en llamas, quedan ciegas y mueven a compasión.

Pero las manchas, las cicatrices horribles, las señales de
la maldad suelen ser cubiertas por parches a veces y generalmente capuchas, algunas muy torpes, otras muy sofisticadas,
que suelen usar hermanas mellizas abandonadas en el ático
o chicas malas que han perdido jugando a su propio juego y
que cocinan a fuego lento sus venganzas y su rencor.

Había una especie de máscara rígida,. muy rara, en *Manuela*, con Grecia Colmenares y Jorge Martínez. En Cuna de
lobos, una excelente novela mexicana, la Malvada llevaba
siempre un parche en el ojo y tenía parches que hacían juego con todos sus vestidos. Y había una máscara muy rudi-
mentaria, muy fea, en la novela mexicana que encontró el
mejor título de toda la historia del género. Un título al que
nadie podría nunca sustraerse ni mantenerse indiferente. Un
título asombroso por su extraordinaria síntesis, por su enorme atrevimiento, La novela se llama *Madres egoístas,* y estamos mirando fijo a los canales de cable que se especializan
en novelas para que la den.

La enmascarada de *Madres egoístas* era una mujer mala
que se había robado a una niña, quitándole con eso su identidad, su linaje y su fortuna. El destino se ocupó de castigar-

la luego con una serie de calamidades, como la desfiguración (por un incendio, otra vez) y la miseria económica.

Estas calamidades no son necesariamente definitivas. Los afectados pueden, a veces, no siempre, entrar y salir de estos conos de sombra, así como las llagas pueden llegar a sanar. Depende de la naturaleza del mal. Un mal acérrimo representa una llaga incurable. El arrepentimiento y la contrición pueden obrar milagros. La cirugía plástica existe algunas veces y otras no, según convenga a la historia. En este tema el mimetismo con la realidad es perfectamente oportunista.

14

Ella era mala, mala

La heroína del teleteatro será muy buena, muy virtuosa, todo lo que quieras, pero quien le da el verdadero sabor a la historia es La Malvada. Tal vez porque uno siempre sabe qué puede esperar de la heroína (bondad, resignación, abstinencia, castidad) y nunca sabe qué nuevo artilugio y complicada construcción de embustes, malas artes y malignas manipulaciones puede esperar de la Malvada. Quien marca el ritmo de acción de la novela, su grado de intensidad, quien —podría decirse— baja línea y cuenta verdaderamente la historia, no es la chica buena sino la chica mala.

En las novelas también, como se sabe, las chicas buenas van al cielo y las chicas malas van a todas partes.

En efecto, éste es el personaje más jugoso de las novelas. Personalmente no recuerdo ni una sola novela en que La Malvada haya sido pobre. Si fuera pobre no tendría poder alguno y todo el asunto perdería su gracia.

La Malvada tiene que ser poderosa en muchos sentidos, no sólo rica. Ella va a tener la frondosa y maligna imaginación que se necesita para hundir a la Heroína. Y tiene que ser así, frondosa y maligna. Porque la dimensión de su contrincante marca también el nivel de importancia de la heroína. Si Ella fuera una mucamita cualquiera, bastaría con aplastarla como a una cucaracha con el taco de un zapato. Pero Ella no es una mucamita cualquiera, por lo tanto, su contrincante tiene que poner en juego todas sus armas para combatirla. Y ahí empieza lo bueno.

A diferencia de la Heroína, la Malvada está en el medio

del mundo, tiene dinero, tiene relaciones, tiene poder. Es mundana, sofisticada y elegante. Tiene sentido del humor y una saludable ambición. Quiere todo. Y lo quiere ahora.

En realidad tiene todo, pero no quiere que nadie le saque ni una tajada. Ni en dinero, ni en devoción, ni en espacio. Nada.

Ella reina tranquila en su territorio, maneja su empresa, su familia, su pueblo, su corte de admiradores. Maneja a su modista, a su criada, a sus amantes, a sus enemigos. Se pone su traje de Elsa Serrano para ir al coctel que da un adversario. O se pone el parche de seda natural color gris perla —como el vestido— para ir a presidir la reunión de directorio. Siempre tiene una copa en la mano y una risita burlona que asoma en la mirada. Una ceja enarcada. Un comentario mordaz. Un amante joven. Un viaje en puerta. Fiestas. Galas de la ópera. Profesores de tenis. Reuniones de maledicencia para tomar el té. Oh, sí, lo mismo que las rubias, las Malvadas se divierten más.

Mientras la Malvada hace todo esto y apenas le queda tiempo para ponerse una máscara de belleza y darse un baño de espuma, nuestra heroína seguramente está restregando de rodillas el patio del convento, o recogiendo la bosta de los caballos en el establo, o lavando los retretes en la cárcel donde está encerrada por alguna injusticia u horrible malentendido, o cosiendo dobladillos a las tres de la mañana a la luz de una vela porque se cortó la electricidad por falta de pago.

Así las cosas, si no fuera por la Malvada, se haría bastante cuesta arriba seguir tarde a tarde las aventuras de nuestra Heroína. Todo sería sombrío y penoso, triste, una lata.

Es la Malvada quien le pone sabor al teleteatro, quien trae las luces, quien hace correr la sangre, quien activa la adrenalina. Es la Malvada quien ríe, quien hace el amor, quien pone intensidad en la historia. La Malvada es, entonces, la medida de crecimiento de la novela y, posiblemente, la que determina buena parte del índice de interés.

Dicho de otra manera: dime quién es tu enemiga y te diré quién eres.

Una Malvada que actúe insensatamente, sólo por hacer

daño, sin tino y sin medida, va a restar no sólo credibilidad a la novela sino también interés. (María Rosa Gallo en *La extraña dama.*) Las mejores Malvadas son las que están ahí con un propósito, las que tienen algo que defender, las que se divierten en su gestión.

Las Malvadas en serio, las que se hacen cargo de su tarea y disfrutan del Mal.

La Malvada de *Cuna de lobos,* la del parche en *el* ojo, era tan pero tan mala que se pasó la vida torturando a su esposo —y sacándole todo lo que quería— porque lo hacía responsable del accidente que le causó la pérdida de su ojo, Él, desesperado de culpa y horror, agotado por la constante mortificación de que ella lo hacía objeto, le regaló una joya, un broche horripilante en forma de ojo, con pestañas y todo. ¿Y saben qué? Era mentira. Su ojo veía perfectamente, nunca lo había perdido, gozaba de excelente salud.

Entre las mejores Malvadas del género es preciso destacar a Odette Almelda Roitman, la más inescrupulosa e inmoral de todas las Malvadas, pero ay, qué bien la pasaba. Vivía la mitad del tiempo en París y la otra mitad en Río de Janeiro, ciudad a la que detestaba porque decía que estaba llena de negros e inútiles: era increíblemente snob. Odette era la propietaria de una de las más importantes compañías de aviación de Brasil —heredada de su esposo, muerto mucho tiempo antes de iniciarse la novela—.

Odette viste divinamente y tiene amantes jóvenes a los que mantiene en coquetos departamentos. Cuando huele un negocio sucio en la carpeta de uno de sus ejecutivos no lo castiga; lo que hace es institucionalizar el negocio y participar en él. Cuando quiere destruir a su rival (Raquel, la mujer del hombre que ella quiere para su propia hija), Odette no duda en envenenar la comida que fabrica Raquel en su empresa de alimentación. Es decir, no sé si me explico: no duda en evenenar posiblemente a miles de personas.

Pero hay un gesto que marca en forma superlativa el grado profundo de su maldad, el que por fin logra escandalizar al público mucho más que el incidente de la mayonesa envenenada. Es una revelación que sobreviene hacia el final de la novela y que nos dejó a todos temblando. Odette había logrado casar a su hija Elenita con Iván, el hombre que le arrancó a Raquel usando todo su poder y sus malas artes. Pero Elenita, pintora sensible y buena persona, era una alcohólica sin remedio y esto convirtió la vida de Iván en un infierno.

¿Por qué era alcohólica Elenita? Porque mucho tiempo atrás provocó un accidente automovilístico que le costó la vida a su hermano. Elena nunca pudo superar la culpa, la vergüenza, el dolor de haber causado la muerte de su hermano, y desde entonces sólo atinaba a beber hasta el desmayo.

Pues bien, hacia el final de la novela se descubre que después de todo no había sido Elenita quien manejaba el auto en ese accidente. Fue Odette en persona, quien no sólo provocó el accidente, también dejó que su hija Elenita cargara con esa culpa durante veinte años. Y encima la regañaba por beber.

Hay dos clases de Malvadas: la Aprendiz de Malvada, una jovencita inescrupulosa, llena de coraje pero sin experiencia, y la Malvada Mayor, que ya aprendió todo lo que hay que saber. Es bastante probable que estas dos se asocien y trabajen juntas, en una sociedad llena de recelo, que a la larga termina mal.

En *Vale todo*, Odette se asocia con Fátima, una Malvada precoz que si bien comete muchos errores, tiene la madera justa del Mal. En uno de los primeros capítulos de la novela, sin ir más lejos, vende la casa de su familia —que por esas cosas de la ternura el abuelo puso a su nombre y deja a su madre en la calle. La madre de Fátima es Raquel, nuestra heroína.

En *La dueña,* una novela exquisitamente típica de José Ignacio Cabrujas, la madre de Él, Mauricio, se asocia con la jovencita de buena familia para forzar un matrimonio con su hijo, quien a su vez ama a Adriana. Para lograr este casamiento, Purificación Burgos, la Malvada, hace encerrar a

Adriana en un manicomio y miente a su hijo Mauricio con respecto a la filiación de Ella. No sólo la hace desaparecer, también consigue que él "la odie" por razones políticas (Mauricio es militar, en la Venezuela de los años 30).

Mauricio se casa con María Eugenia, la chica de buena familia que alguna vez humillara a Adriana con una escena que relaté más arriba referida al café. María Eugenia pelea a brazo partido junto con su suegra, la Malvada, para distraer aunque sea un instante a Mauricio del amor obsesionado que siente por Adriana. Y aunque no les resulta fácil lo logran.

Años más tarde, cuando María Eugenia da a luz a su segundo hijo, toda la familia la rodea menos Mauricio, que está en cualquier otro lado y nada podría importarle menos que ese nacimiento. Tal vez ablandada por el parto, o por razones que no puedo imaginar, María Eugenla parece haber olvidado que prácticamente tuvo que obligar a Mauricio a casarse con ella: le mintió, lo chantajeó, lo amenazó. Pero hoy que él no está con ella, se queja de su ausencia y afirma, entre lágrimas: "¡Nunca me quiso!"

Tampoco Fátima entiende por qué Raquel, su madre, no la quiere. No le da ninguna importancia al hecho de haber vendido la casa familiar y haberla dejado en la calle. "Necesitaba la plata", dice, sin contrición alguna.

Las aprendizas de malvadas tienen una especie de amoralidad que les impide tener conciencia de lo que hacen. No *entienden* que está mal. Por eso son más interesantes las Malvadas consumadas, que saben perfectamente que están cometiendo las más execrables fechorías, pero aun así siguen adelante porque tienen un propósito que cumplir, una batalla que ganar.

Desde luego, a las Malvadas siempre les va mal. Después de tanto champagne, tanta jarana y baño de espuma, a la larga caen, como blanco del Destino o presas de la locura. Odette es asesinada de un tiro (y para mayor castigo de sus pecados, es un asesinato por error). Teresa Visconti, la Malvada de *Celeste* (Dora Baret) que amenazaba a su amante con una aguja infectada con el HIV, muere de Sida y bastante loca por cierto.

Evangelina Vizcaíno es una Malvada muy interesante de *Cadenas de amargura*, una excelente novela mexicana. Evangelina es la tía soltera de nuestra heroína, una jovencita rubia y angelical llamada Cecilia. Se supone que los padres de Cecilia —el hermano de Evangelina y su mujer— han muerto en un accidente. Pero desde luego ésos no son los padres de Cecilia. Durante años tomaron ese lugar para esconder la vergüenza de la verdadera madre de Cecilia, que es la otra hermana de Evangelina, Natalia, por supuesto soltera. No sabemos quién es el padre de la niña hasta casi el final de la novela, y cuando por fin se revela su identidad, ésta no podría ser más perturbadora y feliz. El padre de Cecilia es su bienamado cura. (Que no nació siendo cura, claro.)

También el padre de Cristal es el cura. Este fenómeno no sólo aporta otro elemento a la afirmación religiosa en la vida cotidiana, a la famosa relación con lo trascendente. Cuando el padre no es otro que el Padre con mayúscula, el Representante de Dios en la Tierra, puede decirse que se propone una garantía de pureza dentro de la irregularidad de este nacimiento. Y también, en un punto poco explorado, indica el arrepentimiento por un pecado que lleva al hombre a tomar los hábitos. El mismo arrepentimiento que se vio más claramente, aunque en un personaje lateral, en uno de los muchachos que violaron a Némesis en *Venganza de mujer*.

Volvamos a Evangelina, que maneja su casa con puño de acero y sin sonrisas; tiene en sus manos a su hermana Natalia, a la criada Jovita y a su sobrina Cecilia. Cecilia la pasa pésimo, no se le permite jugar ni reír ni usar faldas a la moda, ni asistir a fiestas. Cuando Natalia deja de ser tan sumisa y comienza a sublevarse porque quiere proteger a la niña, Evangelina la mata.

Sí, la mata.

Ahora quedan ellas tres, Evangelina, Jovita y Cecilia. Más tarde, Evangelina va a matar también a un novio que Cecilia se atrevió a tener, Evangelina odia a Cecilia —nos vamos a enterar a su debido tiempo— porque ella también amaba al padre de la niña (que se va a hacer cura), quien a su vez amaba a Natalia. Cecilia es la viva muestra de su fracaso sentimental. El prefirió a su hermana. Y Cecilia paga las consecuencias.

Lo cierto es que Evangelina no es una mujer fea, y tampoco es atractiva. Usa unos vestidos severos y oscuros, siempre con unas exquisitas puntillas y encajes alrededor del cuello. Dentro de su estilo es de un buen gusto indiscutible. Está en las antípodas de Odette Roitman —Dios nos libre— y Teresa Visconti. A Purificación Burgos le gusta la ópera, afirma que Caruso le da mucho placer. Pero no hay nada que le dé placer a Evangelina más que ir a misa, parece. A pesar de ser una mujer de fortuna, no hace nada más que ponerse sus puntillas y rezar.

Es interesante el tipo de poder que ejerce Evangelina. Es un caso raro de intensa pasión contenida. Jamás levanta la voz, jamás se la ve enojada, ni siquiera molesta. Es hierática y austera. Cuando hace valer su voluntad lo hace con el mismo tono de voz sereno de quien no teme oposición alguna. Ah, sí. Con ese modito suave y sin un solo gesto de cólera, Evangelina es más temible que muchas otras malvadas gritonas y pendencieras.

Pero Evangelina también cae, y su caída es espectacular. Evangelina cae en la locura. Por supuesto es vencida por las fuerzas del amor, y ella comienza por encerrarse en sí misma, en su habitación, en su casa. Su deterioro se hace evidente día a día y termina convertida en un monstruo pálido y espectral, un despojo, una cosa. El peor de los castigos para una Malvada es provocar compasión en lugar de miedo.

Hay un caso diferente, una verdadera audacia en términos del género. Hay una malvada que "se sale con la suya", lo cual es una indudable transgresión. Se trata de Fátima, en Vale todo, tenía que venir de Brasil. Después de dejar a su madre en la calle, casarse con el novio de su mejor amiga, engañar a su marido toda la vida con su amante César, y perderlo todo al dejarse embarazar por la esperma equivocada, después de todo eso sobreviene su caída y queda en la calle, sí, pero por un ratito. Al final de la novela consigue todo lo que quería, claro que en su estilo. César, su amante de siempre, reaparece con un negocio a su medida. Llega de viaje en compañía de un príncipe de una corona europea, un joven rubio, muy amigo suyo, que necesita casarse para dedicarse a la política. César arregla el casamiento del príncipe con Fátima, una boda que la va a llevar a vivir a Europa, como ella siempre quiso. En cierto modo es una boda de tres que cierra a la perfección.

La Malvada, entonces, es la verdadera contrapartida de la protagonista; la que establece su verdadera importancia y dimensión en este mundo. Podríamos con esto parafrasear, otra vez el refrán eterno: Díme a qué poderosa mujer molestas y te diré quién eres.

15

Ella era ciega

A nadie le ha pasado inadvertida la frecuencia con que aparece la ceguera en los teleteatros. Es una de las calamidades favoritas del género. Podríamos considerar paradigmática la ciega que representó Grecia Colmenares en Topacio, la novela de Delia Fiallo. (La misma actriz hizo más tarde otra ciega, Soledad, en *El día que me quieras*.)

Resulta que Topacio, al nacer, era una cosita tan miserable que la creyeron muerta. Blanca, la madre, no se animó a presentarle eso a su esposo, que no era precisamente un hombre comprensivo. Entonces, con la ayuda de la comadrona Domitila cambiaron al bebé en forma subrepticia por un niño huérfano que tenían a mano, que era sanito y era varón.

Sólo que Topacio no estaba muerta. Domitila le salvó la vida, la crió y la cuidó, y ahora era una florcita silvestre del bosque, pobre niña ciega.

Jorge Luis, hoy el hijo legal de la familia, médico, la conoció un día junto al manantial conversando con los pajaritos, y se enamoró de Ella en el acto. Cuando esto sucedió la novela apenas comenzaba y no sabíamos bien cómo eran las cosas. Tuvimos un sobresalto al saber que Topacio era hija de Blanca, porque si Topacio era hija de Blanca y Jorge Luis era hijo de Blanca, entonces Jorge Luis y Topacio eran hermanos.

El incesto siempre acecha en los teleteatros, porque nadie sabe en realidad quién es hijo de quién. Pero no era incesto, porque Jorge Luis en realidad no era hijo de Blanca: era aquel pequeño bastardo (sin ofender) que en su momento habían encontrado en la choza.

Lo cierto es que ellos se enamoran y se casan, pero se topan con un embarazo que —no me pregunten cómo se atribuye no a Jorge Luis sino a Martín, un sujeto muy malo, con la cara desfigurada por un incendio. Martín "abusó" de ella (la palabra violación se evitó en los teleteatros hasta fines de la década del ochenta).

Jorge Luis, enfermo de celos, hace anular el matrimonio. A esta altura Topacio ya recobró la vista porque fue operada con toda felicidad. Ahora Ella ve. Cada uno de ellos tiene ahora otra pareja, a la que *desde luego* ninguno de los dos ama. Después de una cantidad de acontecimientos (meses) se descubre la verdad. Todo había sido una espantosa manipulación. Ella era pura, inmaculada, inocente.

¿Y qué creen? ¡Queda ciego Jorge Luis! (La culpa, viste.)

No los voy a fatigar con detalles. En su debido momento también se cura Jorge Luis y por fin, cuando ya todos estábamos agotados, las cosas terminan bien.

La ceguera, entonces, es harto frecuente en las novelas, aunque no siempre es de carácter transitivo como en Topacio.

Por un lado, la ceguera es una de las formas en que se puede debilitar a la heroína al comienzo de la historia, así como los picadores quitan sangre a los toros en el ruedo para disminuir sus fuerzas antes de comenzar la lidia.

Vimos más arriba que la historia se abre con la Caída de la heroína. Ella va a llegar a la gran ciudad, o a cualquier otra parte donde se sienta insegura, torpe y fuera de lugar. Esta condición de extrema vulnerabilidad se puede lograr de muchas maneras: pobreza, ignorancia, ingenuidad. Pero la forma más eficaz y directa de lograr este efecto es la ceguera.

Nada vuelve más vulnerable a una persona que la ceguera, nada despierta compasión y simpatía más inmediatas, especialmente si se trata de una joven bonita y tierna, y no de esos sujetos de piel fría que confabulan en los túneles soñados por Ernesto Sabato.

A propósito, no es casual que los teleteatros prefieran la

ceguera como fuente de compasión y simpatía, y también la prefieran autores que incursionan por el horror. Los problemas de visión, de hecho, constituyen una de las fuentes de preocupación más constantes dentro del género fantástico.

Dicho de otro modo, las frecuentes cegueras de las heroínas ratifican la pertenencia del teleteatro al género fantástico.

Según Rosemary Jackson, esta preocupación por la visión es natural en una sociedad que identifica lo "real" con lo "visible", y otorga al ojo la preponderancia sobre los otros órganos sensoriales. Es una sociedad que dice "Ya veo" *(I see)* como sinónimo de "Comprendo". En inglés se da además la peculiaridad de que las palabras para ojo y para yo se pronuncian igual: *eye* y *I*. Dice Jackson: "En el arte fantástico, los objetos no se perciben con facilidad a través de la mirada: las cosas se deslizan fuera del poderoso ojo/yo que trata de poseerlos; aparecen deformadas, desintegradas, parciales, cayendo en la invisibilidad".

Es notable la cantidad de obras fantásticas que utilizan espejos, cristales, reflejos, retratos, ojos que ven las cosas deformadas o fuera de foco, todo lo que sirva para transformar lo conocido en desconocido. Hay un cuento de E. T. A. Hoffmann llamado *The Sandman,* que Freud toma como referencia en su trabajo sobre lo siniestro. En este relato el protagonista vive con el terror de perder la vista; teme no poder ya ver claramente —y así controlar— las cosas. La figura del "arenero" (*Sandman* significa arenero) quedó en la mitología popular americana como un personaje que hace dormir a los niños, e incluso hay una canción que lo cita. Creo que la cantaba Pat Boone.

Los temas de la literatura fantástica, entonces, giran en torno de este problema: hacer visible lo que no se ve, articular lo que no se dice. En la mayoría de los textos fantásticos estos temas se deslizan hacia el horror, el miedo o la incertidumbre. No sucede lo mismo en el teleteatro, que antes se inclina hacia el romance, la identificación y la reivindicación. Sin embargo, y esto es lo curioso, con propósitos tan diferentes, la caracterología del género fantástico le cabe casi a la perfección al teleteatro. Los temas, siempre según Jackson, son: 1. Invisibilidad; 2, Transformación; 3. Dualismo y 4. Bien versus Mal. Todo en un marco de incertidumbre e imposibilidad, que formula motivos recurrentes como fantasmas, sombras, vampiros, hombres lobo, reflejos, espejos mágicos, monstruos, claustros y bestias.

Estos mismos temas podemos analizarlos desde la temática común del teleteatro. La Invisibilidad que figura en primer lugar está relacionada, o al menos representada a través de la frecuente condición de ciega de la heroína. Ella no ve, por un lado, y por el otro lado los demás no ven quién es Ella de verdad.

La Transformación, que en el *fantasy* común llena de pavor cuando convierte a un hombre en una cucaracha, o en un lobo, o en un murciélago, en el teleteatro cambia de signo y promete un cambio maravilloso a un mundo mejor. Ella, que hoy sufre hambre, cárcel, humillación y maltrato, se va a tranformar en la más bella, respetada, poderosa y acaudalada de las mujeres. Su enemiga, la Malvada, va a caer al final. Sus ropas finas se van a hacer trizas, va a enloquecer o envejecer de golpe y su cara —como el cuadro de Dorian Gray— mostrará de golpe (va a hacer visible lo invisible) toda su maldad.

Con respecto a la transformación, el cambio, dice la periodista Alma Guillermoprieto en una nota aparecida en *The New Yorker* (16/8/93): "... En los noticieros, los ejecutivos son secuestrados y asesinados, quiebran las empresas estatales, los magnates de la droga libran una guerra en las favelas y en las calles revienta el sistema de alcantarillas, que es como decir que en términos brasileños no pasa nada. En las telenovelas secuestran a los ejecutivos y los magnates de la droga libran una guerra en las favelas, pero se atrapa al secuestrador, el traficante conoce a una buena chica y se endereza; el hijo honrado del ejecutivo ladrón hereda el negocio de la familia y se restaura el orden moral en el mundo. Las cosas cambian. Cambian precisamente de la misma manera en cada telenovela, que es como debería ser ... los espectadores pueden fantasear que el Brasil real no es el pantano sin esperanzas de confusión moral y caos económico que a veces se siente ... sino un lugar donde los valores familiares resisten todos los ataques, los pobres eventualmente encuentran trabajo y siempre tienen lo suficiente para comer. Hasta los malvados pueden ser redimidos".

El punto 4, la guerra entre el Bien y el Mal, ha sido suficientemente comentada porque es uno de los temas básicos del teleteatro. La batalla no se libra sólo entre la Heroína y la Malvada, sino entre la ambición y la modestia, la lujuria y la templanza, y todas las formas más o menos esquemáticas que utiliza el género para demostrar, en última instancia, que el Bien es mejor que el Mal, aunque por momentos resulte difícil de creer. El teleteatro es, dentro del *fantasy*, el género que defiende el Bien de la manera más descarada. Acá el malo, si no se transforma, muere.

El punto 3 se refiere al dualismo, y el dualismo sí que es algo difícil de encontrar en un teleteatro. No vamos a encontrar en las novelas personajes con demonios interiores que salen las noches de luna llena a ejercitar su "otro yo", su lado oculto, su "maldad escondida", a la manera del hombre-lobo, el doctor Jekyll y Mr. Hyde o el monstruo de Frankenstein, que no casualmente la gente llama Frankenstein, cuando el monstruo en realidad no tenía nombre, y Frankenstein era el nombre del prestigioso científico que lo creó.

Lo más parecido al dualismo en el teleteatro es la historia que gira en torno de dos hermanas mellizas, una buena y otra mala. La buena, demás está decir, va a ser Ella, la heroína. Y la mala es probable que se la pase encerrada en un cuarto (el famoso "ático" del gótico).

O no. En *Celeste siempre Celeste* Ella, que era rubia y buena tiene una melliza, Clara, mala y morocha, ambas representadas, desde luego, por Andrea del Boca. Pero Clara, lejos de estar encerrada en cuarto alguno, se divertía atormentando a su marido y flirteando con todos los hombres.

En la novela *Manuela se* da también un caso de mellizas

y la hermana mala lleva una burda máscara que le tapa la cara. Se supone que es idéntica a Ella, Grecia Colmenares.

Pero no es una situación frecuente, y en Manuela ni siquiera es el eje dramático de la historia. En las novelas prácticamente no se trabaja el dualismo. Los personajes son sólidos, compactos, perfectamente buenos y perfectamente malos, o perfectamente malos que van a ser perfectamente redimidos. Acá nadie tiene dudas, no hay incertidumbre interior, no hay fisuras, no hay vacíos de conciencia.

Pero salvo este punto en particular que lo rescata del horror, su diferencia, el teleteatro forma parte del género fantástico y se concentra en el más interesante, el más profundo y al mismo tiempo el más sutil de los elementos que lo constituyen: el deseo.

Todo el género fantástico trabaja sobre el tema del deseo. En el modo maravilloso, el de los cuentos de hadas, el género construye mundos paralelos, realidades alternativas de adhesión sencilla. En el modo de lo fantástico, que suele ser sombrío y tenebroso, no se construye nada, más bien se muestran vacíos, ausencias, carencias. Pero estos mismos vacíos no hacen más que señalar el deseo y perpetuarlo, porque insisten sobre lo que falta, lo que no hay.

El deseo opera con mecanismos tan misteriosos que nos puede llevar a los lugares más oscuros de la conciencia por el solo hecho de no tolerar la incertidumbre, la ignorancia, los secretos que cada uno esconde en su propio altillo. Todo este trabajo es un intento de demostrar que el teleteatro no es otra cosa que el producto de nuestros deseos. El teleteatro hace lo mismo que anotaba Horace Walpole con respecto a las catedrales: comprende mejor lo que queremos imaginar.

16

El lenguaje

La historia que narra el teleteatro puede transcurrir en cualquier parte, en el campo, en la ciudad, en un pueblito de frontera, dentro de los muros de un convento. Puede tocar casi cualquier tema, lo que sirva para separar padres de hijos, madres de hijas, enamorados de enamoradas. Puede recurrir a cualquier artilugio para postergar encuentros, para arruinar celebraciones, para impulsar desastres. Pero no todo le está permitido. Hay cosas que no puede hacer, asuntos en los que no puede incurrir, cierto lenguaje que no puede utilizar.

Uno de estos asuntos vedados al teleteatro es la política. Me refiero a la política verdadera de un pasado relativamente reciente de un país concreto. La única forma en que los asuntos políticos pueden entrar en un teleteatro es cuando la acción está tamizada y debidamente esterilizada por el paso del tiempo. Cuando la acción ya es parte del texto de la Historia.

Como dije antes, *Dona Beija* tiene como fondo argumental la revolución de la independencia brasileña. *La esclava*, otra mitológica novela brasileña, narra muy bien esta gesta. Hay una novela colombiana que cuenta una historia de amor de Simón Bolívar. El protagonista de *La dueña* es un militar que debe enfrentar los embates de unos revolucionarios exiliados en París (el padre de Adriana, nada menos) (la madre, por su parte, es la esposa de un ministro del gobierno; esa chica no podía ser más clandestina).

Pero sería imposible hacer un teleteatro con un revolucionario de los Tupamaros, por ejemplo, o de los Montoneros. Todo lo que sea historia reciente altera profundamente el sentido esencial del teleteatro, que es sentimental, y lo contamina de pasión política. No sirve. No va.

En la década del ochenta se hizo un intento de este tipo: una versión teleteatral de la novela *La* Señora *Ordóñez*, de Martha Lynch, dirigida por María Herminia Avellaneda. Los medios mostraron gran entusiasmo ante el proyecto, que tuvo una puesta y un elenco impecables. Avellaneda usó todo su talento para las reconstrucciones de época, y juegos de luz y color (sepia) para los raccontos. Se supone que la tira tuvo mucho éxito. Hasta el día de hoy alguna gente pone *La Señora Ordóñez* sobre la mesa a la hora de evocar buenas novelas. Ésta es una de las típicas novelas que le gustan a la gente a la que no le gusta el teleteatro.

Personalmente, creo que la tira no tuvo mucho éxito, aunque nadie lo dijo así, con todas las palabras, por ser un proyecto de gran prestigio cultural. Imagínense, rescatar al teleteatro del zanjón con un texto de Martha Lynch. La tira, que empezó con gran expectativa general, a cierta altura sufrió un cambio de horario, una forma de diagnóstico negativo que mueve de lugar los programas que no tienen la respuesta de público que se esperaba. Pero nadie se atrevió nunca a afirmar crudamente que la tira no tenía éxito.

Yo creo que la tira no tuvo éxito. Tal vez se ganó la atención de cierto público culto, por un rato, como una forma de curiosidad, como un ejemplo condescendiente de que es posible "elevar la puntería" y mejorar un género al que, como ya dije tantas veces, la cultura se cansó de execrar. Si una novela, en lugar de contar esas tonterías románticas de mucamitas con niños ricos tomara como guiones novelas prestigiosas de la literatura, entonces tal vez el género podría tener alguna posibilidad de salvación. La Cultura, siempre dispuesta a socorrer a los pobres de espíritu, entendía así que sobre la base de un buen libro (digamos) se podía alimentar esas almas famélicas con "mensajes", "literatura" y "asuntos serios".

Personalmente creo que en el momento en que a una novela se le siente el olor de un mensaje social o político, la novela está perdida. Si se usa la novela como tantas veces se hizo con el cine, para mostrar horrores de la humanidad y editorializar sobre ellos, la novela está perdida. Si se toman los asuntos de la protesta proverbial, como el macartismo en cualquiera de sus formas, el racismo o nuestros desaparecidos del proceso militar dos décadas atrás, si se toman asuntos como ésos con el propósito de transmitir alguna clase de mensaje o provocar una emoción más política que sentimental, la novela está perdida.

Los asuntos políticos sólo pueden aparecer como fondo de la historia romántica. En esto son maestros los teleteatros brasileños. En la Argentina hay una tendencia fuerte a la opinión editorial, que transfigura la textura de la heroína y la convierte en un ser discursivo y a veces resentido. Podrá ser una mujer valiente y admirable en cualquier otro género, pero no es una heroína de teleteatro.

Voy a decirlo una vez más. Yo creo que *La Señora Ordóñez* no tuvo éxito. Esos celosos representantes de la Cultura no son las personas que se pasan tarde a tarde mirando una novela y esa gente, la que de veras ama las novelas, nunca le entregó su corazón a la señora Ordóñez. Veamos por qué.

La señora Ordóñez es un interesante personaje literario, pero no cumple con las leyes esenciales que definen a una heroína de teleteatro. Y como ya señalamos, la primera de esas leyes demanda una virtud inmaculada. La señora Ordóñez, digámoslo con la crudeza del caso, tenía un amante. Y no existe tal cosa en un teleteatro que se precie.

Piel naranja se tomó media novela antes de permitir que Marilina Ross cayera en brazos de Arnaldo André, y esa caída, como ya vimos, les costaría la muerte a los dos.

La razón por la cual la señora Ordóñez tenía un amante era perfectamente trivial y "realista": su esposo la ignoraba, ella estaba un poco aburrida, ese joven de mirada penetrante la perturbaba. Esas son las circunstancias por las cuales tienen amantes las mujeres "reales" y algunas de la literatura, como Ana Karenina, Emma Bovary y Lady Chatterley. Pero se necesita mucho más que eso para socavar la voluntad de una Heroína. No. No nos vamos a identificar con una mujer que tiene un amante porque su esposo la ignora. No en un teleteatro, al menos. El teleteatro es un género en el que impera el espíritu y no la carne; triunfa la voluntad y no la tentación; prospera la abstinencia y no el placer. Una mujer puede identificarse, incluso celebrar las "escapadas" o "travesuras" de una señora casada en una novela de Colette o una película con Jill Clayburgh, pero nunca en un teleteatro.

La heroína de un teleteatro, voy a decirlo una vez más, es un Alma Bella, un ángel de virtud, y llegó a este mundo casi exclusivamente para sufrir. Tendrá un momento perdido de placer y lo pagará caro. Dedicará el resto de su vida a construir con esfuerzo y perseverancia un edificio de amor y virtud ejemplar. Luego, al final del camino, el Destino la va a premiar con el hombre a quien siempre amó y con la fortuna que le fue arrebatada cuando ella era demasiado pequeña y vulnerable para evitarlo.

Yo no digo que esto esté bien o esté mal. Sólo afirmo que es así. No hay ninguna posibilidad de que sea heroína de un teleteatro una mujer que tenga un amante solamente porque el marido la descuida y ella se aburre un poco.

Sin embargo, no es éste el único motivo por el cual sigo creyendo que *La Señora Ordóñez*, la novela de Martha Lynch, no tuvo éxito como teleteatro.

El otro motivo fundamental es el lenguaje. La novela narra una historia que se desarrolla sobre un conflicto político concreto, cuando dentro de una familia se enfrentan el peronismo y el antiperonismo. Estas mismas palabras, peronismo y antiperonismo, pueden matar de un solo golpe el clima mágico y sentimental de un teleteatro, por directo que éste sea. Ningún asunto es demasiado crudo para una novela: puede haber crímenes, incestos, violaciones, y de hecho las hay, Puede haber incluso tiranos, señores feudales, ogros mitológicos y genocidas despiadados. Pero son figuras de la ficción o del pasado. De un pasado lo suficientemente remoto y antiséptico como para no remitir a asunto concreto alguno que pueda discutirse hoy en la mesa familiar.

Las vicisitudes políticas de un pueblo entran con fluidez

en la textura de un teleteatro sólo a través de la forma cristalizada que ofrece la Historia escrita, cuando ya el pueblo entero decretó el argumento, cuando ya hay un acuerdo explícito sobre buenos y malos, vencedores y vencidos.

Y si se trata de "mensajes edificantes", la novela no necesita la consagración de la Cultura para tocar el corazón de las mujeres y provocar cambios estimulantes en sus vidas. Cuenta María Herminia Avellaneda que en 1980, cuando se proyectaba *Rosa de Lejos,* algo curioso sucedió en Santiago del Estero. Muchas chicas que trabajaban en el servicio doméstico se entusiasmaron con la idea de emular a Rosa Ramos y decidieron convertirse en modistas. En las tiendas se agotaron las máquinas de coser y en las casas comenzaron a escasear las mucamas. Tanto enrareció el ambiente este mudo conato de revolución feminista e industrial que el gobierno de la provincia decidió levantar el programa y lo sacó del aire.

El teleteatro no es un género realista; como intenté demostrar más arriba, es una forma peculiar del género fantástico. Es cierto que dentro del género fantástico hay una categoría —estudiada también por Todorov— llamada "mimetismo", que plantea las historias más descabelladas a partir de un comienzo perfectamente verosímil, con lugares tomados de la geografía real y descripciones certeras de edificios concretos, incluso identificables. Tenemos un ejemplo interesante en el cine con la película de Polanski El *bebé de Rosemary,* que claramente transcurre en el Dakota, el edificio de Nueva York donde vivió Greta Garbo y murió John Lennon.

Pero el mimetismo parte de una situación o lugar reconocible sólo para provocar luego aquella ruptura de lo real, ese pequeño descalabro que siente el lector cuando fallan las estructuras sólidas del relato y sucede lo que no debería suceder, o se nombra lo que no se debería nombrar. Ésa es la esencia del género fantástico, esa ruptura, esa incomodidad, esa interrogación constante de la racionalidad, ese desafío sutil (o no tan sutil) a las convicciones que constituyen "lo real", aquello que nos permite vivir todos los días en un mundo más o menos reconocible.

Algo se rompe en ese mundo reconocible y ya no podemos vívir tranquilos. Esa ruptura, cada vez más frecuente en un mundo que se sale de control día a día por motivos que tomaría otro libro solamente enumerar, esa ruptura, decía, popularizó el adjetivo "kafkiano", que usan hoy con toda naturalidad personas que jamás leyeron a Kafka pero que conocen perfectamente la sensación de perderse para siempre en los pasillos sombríos de un castillo infinito, la sensación de esperar un acto concreto de justicia que nunca llega y nadie entiende por qué, la sensación de esperar inútilmente la llegada de un agrimensor, y la más común, la más popular, tal vez la más desesperante de todas, la sensación de ir convirtiéndose día a día en una cucaracha.

"Lo real", entonces, en un teleteatro, es una ilusión, un espejismo, una convención vulnerable y pasajera, que al poco tiempo de comenzada la historia se va a romper para dar lugar a alguno de los desatinos propios del género. Las bebas abandonadas en los orfelinatos reaparecen como señoras deslumbrantes vestidas por Karl Lagerfeld. Los chicos ricos se enamoran de las mucamas. Los ciegos recuperan la vista y los malos perecen en los incendios,

Dentro de ese mundo que tiene la "apariencia" de lo real, nada más que la apariencia, las palabras de la política reciente y local resuenan con un eco curiosamente extranjero. No hay lugar para Perón en un teleteatro. No hay lugar para las pasiones de la política terrenal de los últimos años. No se puede hablar de política en el teleteatro mientras queden partidarios vivos de uno u otro bando. Porque al hablar de política, de la política actual, estamos cambiando el registro del relato. Estamos sacando la narración del terreno de las hadas, donde todo es posible mientras haya alguien que diga "había una vez ...". Estamos sacando el relato de ese terreno, el de lo maravilloso, para llevarlo a la ficción realista, que requiere otro tipo de adhesión. Una ficción realista demanda una determinada actitud intelectual, requiere adhesión o rechazo racionales, opinión, compromiso.

Una ficción realista obliga a revisar, ratificar o rectificar las convicciones. Pero no las convicciones que el género fantástico debería movilizar. Otras convicciones, que no están en discusión a la hora de la siesta. Justamente las que menos importan a la hora de la siesta.

Stendhal decía que "la política es una piedra atada al cuello de la literatura". En el teleteatro sucede lo mismo multiplicado por mil.

Para discutir los asuntos terrenales de la política están todos los otros medios, el teatro comprometido, el cine político, los libros de texto, los trabajos de investigación periodística, los congresos de intelectuales, las jornadas de estudio, los centros de estudiantes de las universidades, los programas matinales de las radios, los programas políticos de la televisión, los diarios, las revistas de opinión, todos los periodistas, los politicólogos y los gurúes modernos.

Dejemos a los teleteatros contar historias de amor, porque ellos hacen política a su manera, que es otra.

Todo lo que late todavía, lo que aún se discute, la historia viva, la política concreta, todo eso forma parte de la vida real. Y la vida real, a pesar del mimetismo de algunas novelas, no tiene nada que ver con el teleteatro.

Así como la política, hay muchas otras cosas del mundo real que quedan fuera del lenguaje propio de los teleteatros. Todo lo que sea moderno, útil, expeditivo y eficiente no existe en la novela, o no se usa.

(Acá tengo que abrir un paréntesis para eximir de esta afirmación a las novelas brasileñas, que en éste y muchos otros asuntos son excepcionales. Ya tocaré el tema con más detalle.)

En las novelas normales, aun las modernas, las computadoras por lo general están de adorno. He visto algunas, incluso, en que el monitor está solo, sobre un escritorio, sin teclado a la vista, como un pequeño televisor abandonado. Por supuesto no hay fax; rara vez alguien mira televisión. Los teléfonos apenas se usan en la rutina cotidiana, y definitivamente no se usan si fuera preciso resolver algún problema.

Hay una escena antológica en Cristal, una novela venezolana de los años ochenta. Cristal (Jeanette Rodríguez), hija natural abandonada en un orfelinato, tiene a su vez un hijo natural (producto de un único acto de amor que no se repetirá tal vez en varios lustros), a quien cría sola y con gran sacrificio en un contexto de virtud inmaculada. Un clásico.

Un día la Malvada aprovecha un descuido de Cristal y le roba al niño. Cristal vuelve a su casa y descubre la cuna vacía y cae en la desesperación (como no podía ser de otra manera). Llegan sus amigas y sus vecinos, comedidos del barrio y simpatizantes en general. Uno de sus vecinos y amigos más cercanos es bombero. Hay en el departamento no menos de diez personas. Todo el mundo está consternado. Se tiran de los pelos, lloran, lanzan invocaciones y amenazas, se rasgan las vestiduras, consuelan a Cristal y tratan de darle valor, conjeturan sobre el robo y se preocupan por el destino de la criatura. Lo único que no hace nadie es levantar el teléfono y hacer llamar a la policía.

No sólo no existe el teléfono, tampoco existe la policía. Se cae en un océano de sufrimiento puro, incontaminado por cualquier elemento práctico de la vida real que pudiera colaborar para paliar ese dolor.

Por fin, mucho después, mucho pero mucho después, a alguien se le ocurre hacer la denuncia y pedir ayuda a la policía para buscar al niño.

La vida en los teleteatros se rige por sus propias leyes, de manera que no conviene dejarse confundir con el "mimetismo" de su apariencia formal. No olvidemos que esto que estamos viendo tarde a tarde no es otra cosa que un cuento de hadas. Y los cuentos de hadas hay que tomarlos como vienen o, de lo contrario, mirar otra cosa.

17

Las escaleras

Entre las peculiaridades de la escena teleteatral es preciso señalar las escaleras. Para decirlo de una manera breve y sencilla, no hay teleteatro que no tenga una buena escalera en la casa de los ricos. Mejor dicho, cuanto más importante sea la escalera en la casa de los ricos, más ambiciosa puede considerarse la producción del teleteatro.

El escenógrafo de un teleteatro tiene que concentrarse especialmente en la ubicación escénica y el estilo de la escalera. Una escalera de lo más novedosa (y francamente inverosímil) era la que dividía en dos el living de la novela *Amándote,* con Arnaldo André y Lupita Ferrer. El living quedaba, frente al espectador, dividido horizontalmente en dos partes de igual superficie, una de ellas diez escalones más alta que la otra. Con este recurso —muy propio de la ópera— la acción parecía desarrollarse todo el tiempo sobre el escenario de un teatro. Uno de los errores de esta formulación era que se veía con exactitud adónde llevaba la escalera (al plano superior del living). Y en lo personal creo que la escalera del teleteatro tiene un propósito más cargado de misterio.

Sí, ya sabemos que "arriba" están los dormitorios, los baños, los cuartos de vestir. . pero eso no tiene nada que ver. Lo que importa es la acción de entrar a escena mediante el acto dramático de bajar una escalera. Y la acción de retirarse de la escena mediante el acto dramático de subir una escalera.

La escalera es el territorio preferencial de la Malvada, quien después de humillar a la Heroína sube con gran prestancia y avanza peldaño a peldaño hacia arriba, como para dejar en claro quién está arriba y quién está abajo.

Si es la Heroína quien sube la escalera, lo más probable es que suba llorando (porque la mandaron a limpiar el retrete o porque le acaban de quitar su fortuna, su apellido o su novio). Si es el marido de la Malvada, lo más probable es que suba furioso (de impotencia, de celos, de fatiga). Sin duda, quien mejor uso hace de las escaleras es la Malvada.

La Malvada sube la escalera como quien se aleja de todo lo que es chato y mediocre en la vida; sube para poner distancia con la gente común. Sube a sus aposentos, adonde nadie más tiene acceso —sólo para hacer la limpieza, tal vez—. Sube para dejar a todos con la boca abierta y sin nada qué decir. Sube porque ella puede permitirse el desnivel, porque puede terminar las discusiones cuando ella quiere, porque gana la discusión en el momento en que decide subir.

La Malvada sube la escalera y se suspende la acción hasta que ella misma decida retomarla. Mientras tanto, todos debemos esperar.

La Malvada sube la escalera para retirarse a su cuarto. Puede venir de una juerga, en cuyo caso llevará las sandalias de taco aguja colgadas de su dedo, que aún marca el ritmo de la última rumba.

O puede subir como Evangelina, la tía de Cecilia en *Cadenas de amargura*. Oh, ésa sí que es una escalera. Imponente, ancha, íntegramente revestida en mayólicas españolas de estilo colonial, con un camino central de alfombra persa. Evangelina sube con paso ingrávido y gesto hermético. Podría ser bella si no fuera tan mala, o si tuviera una forma diferente de maldad. Pero ella tiene la maldad de la mujer que se va secando por dentro, que pierde el gusto por los jugos de la vida, que adelgaza sus carnes y sus deseos; la que resume su vida en una sola obsesión. La obsesión de Evangelina Vizcaíno, en este caso, consiste en convertir la vida de Cecilia en un infierno.

Los tres dormitorios de la casa se asoman a la escalera, el de Cecilia, el de Evangelina, y el de Natalia, a quien Cecilia cree tía y en realidad es su madre. Abajo está Jovita, la criada. Ella sólo sube para llevar un vaso de leche a la niña. A esta altura Evangelina ya mató a la madre y al novio de Cecilia. Pero hacia el final de la novela, cuando el Mal comience a consumir sus entrañas, cuando haga jirones sus blusas de seda y sus primorosos encajes, va a ser en la escalera donde Evangelina se va a acurrucar temblando en un gesto de demencia regresiva a un grado fetal. Allá, en lo alto de esa escalera formidable, va a quedar hecha un guiñapo, ahora inofensiva, más loca que un plumero.

Dime cuántos escalones tiene tu escalera y te diré qué importancia tiene tu teleteatro. O mejor dicho, cuán ambiciosa es la producción de tu teleteatro. Porque la calidad, quedó demostrado tantas veces, no pasa por una producción dispendiosa, no necesariamente.

La dueña no podría tener una producción más modesta. Es del año 1984, de origen venezolano. En esa época sólo los teleteatros brasileños habían comprendido que estaban ante un género de enormes posibilidades y le dedicaban sus mejores esfuerzos. Pero en Venezuela (como en la Argentina, en México menos) faltaban años todavía para vislumbrar la industria que se escondía detrás de las novelas. Los escenarios de *La dueña* son tan escuetos que harían sonreír con ternura a un productor actual.

(A propósito ¿quién es la Dueña? ¿Es la malvada, Purificación Burgos de Monfiego, la madre de Mauricio?)

Esta misma economía, sin embargo, produjo en *La dueña* uno de los momentos más notables del género. Se trata de una escena en el manicomio donde está encerrada Adriana, la Heroína. Es una celda completamente despojada, iluminada apenas y sólo decorada por la sombra de los barrotes. La imagen es tétrica, tenebrosa. Todo el tiempo se oyen aullidos, lamentos, quejidos, llantos. Adriana no se doblega ante la droga que le aplican (para enloquecerla y suprimir su voluntad), y parece que no se puede repetir la dosis (me pareció entender que una segunda dosis actuaría como antídoto, pero no lo puedo jurar). Entonces la llevan, a ella y a su compañera de celda, a una suerte de calabozo, un lugar de castigo. El trayecto entre la celda y el calabozo parece una escena del expresionismo alemán más extremo al que pudo alguna vez atreverse el cineasta Rainer Maria Fassbinder. Llega la celadora, una bruja que no puede disimular su sonrisa ante la sola idea de hacer daño. Trae con ella unos enanos (sí, unos enanos). Lo primero que hacen los enanos es arrojar baldes de agua a las dos mujeres. (Un pequeño accidente escénico —debido tal vez a las dificultades del enano para maniobrar con el balde de agua— hizo que también la celadora quedara en el derrotero del baldazo, pero la mujer, muy profesionalmente, no reaccionó ante su propia mojadura y siguió hostigando a las pupilas como si nada.) Una vez mojadas a baldazos, las dos mujeres fueron sujetadas por los enanos —serían cuatro o cinco— que las arrastraron a través de las salas del manicomio, entre los otros locos y locas. Que eran pocos, pero muy locos. Uno de ellos parecía esposado a una especie de columna y hacía raros movimientos, muy excitado. Alguno se arrastraba por el piso. Otro extendía manos temblorosas a través de unos barrotes. Alguien acurrucado en un rincón. Los aullidos, los lamentos, los quejidos, los llantos. Nada más que eso. Producción económica, horror absoluto.

En la casa de Purificación Burgos, la madre de Mauricio y una de las responsables del encierro de Adriana en el manicomio, también hay una escalera, desde luego. Es una escalera modesta, como todo lo demás.

Hay una escalera importante que gira en torno de un eje de piedras macizas en la casa de los Almeida Roitman, en *Vale todo*, la cual, según afirma más de una vez el mayordomo, fue diseñada por Oscar Niemeyer, el arquitecto que formuló la ciudad de Brasilia.

La única escalera que se veía en *Rosa de Lejos,* curiosamente, era la del conventillo. El conventillo, la casa del maestro, el primer hogar de Rosa, donde ella aprendió a leer, a escribir y a coser, tenía una escalera de madera que llevaba a un cuartito donde vivía uno de los inquilinos. Pero las casas de Rosa, la de Barrio Norte primero, la de Palermo Chico después, no tenían escalera. Tal vez ella no tenía necesidad de establecer límites de nivel. Su mejor amiga siempre fue Teresa, otra provinciana (Betiana Blum) que la ayudó a conseguir su primer empleo como mucama, y más tarde se convirtió en su propia ama de llaves. Rosa fue rica y fue pobre, y no quería dejar nada de lado, no quería olvidar. Rosa no necesitaba escaleras. Para poner distancias o para terminar una discusión ni siquiera tenía que decir nada, sólo tenía que mirar. La mirada de Rosa hacía temblar la televisión argentina y sus alrededores. El pelo tirante, la piel como iluminada por dentro, el personaje de Leonor Benedetto es antológico. Su estilo contenido e intenso, sus pausas, su voz educada con un dejo muy remoto de lo que antes era un acento provinciano y ahora pura sofisticación, colocan a este personaje en la misma galería de grandes papeles como los de Zully Moreno e incluso, por qué no, María Félix.

Y sin escaleras. Sin teléfonos blancos. Sólo Ella, un libro inolvidable de Celia Alcántara y una dirección inteligente y audaz de María Hermina Avellaneda.

Pero el tiempo pasa y los teleteatros se modernizan. Las producciones se hacen espléndidas, se gasta mucho dinero en vestuarios, en locaciones, en escenarios. Y las escaleras no podían quedar atrás en medio de tanto progreso. En *Perla negra,* producción del clan Del Boca de 1994, no hay escalera en casa de los ricos. Hay ascensor. Sí. Un ascensor enrejado, completamente ortogonal y enloquecedoramente lento parte de la mitad del living a una especie de entrepiso que es el moderno pero rarísimo cuarto de Tomás —el chico rico y tarambana de la novela—. El cuarto ocupa prácticamente todo el largo de la recepción, pero su ancho apenas supera el largo de su cama. No hay pared que lo separe del living, de manera que su sueño es velado por todo miembro de la familia que atine a pasar por ahí. (De todas maneras, parece que duerme poco en su cama.) El único acceso al lugar parece ser el ascensor, lo que provoca una sensación de vértigo y claustrofobia al mismo tiempo, incluso visto desde la propia casa de uno. Y el ascensor, como ya dije, es tan lento que ya no sirve para hacer entradas o salidas dramáticas. Cuando Tomás entra a ese ascensor y mientras sube los tres metros que lo separan de su cuarto, uno tiene tiempo para tomar el control remoto y ver qué dan en todos los otros canales.

Juventino es el hijo de José Leoncio que Madelaine arrancó de su casa en *Pantanal,* y ahora es un muchacho de veintitantos años. La escalera de su cuarto en la casa de Río de Janeiro es impactante. Su cuarto en general lo es, un gran ambiente de dos plantas, unidas a través de una escalera de madera de peldaños volantes en suave espiral. Parece un loft en miniatura, estudio de fotografía, taller de artista y salón de juegos. Juventino es un niño rico, sin destino todavía.

Pasaron más de veinte años desde que Madelaine se llevó al bebé y José Leoncio, en lugar de matarla, decidió dejar al niño con ella y esperar. Mientras tanto él sigue su vida con Filó y se concentra en hacerse rico. Ahora sabe que Tadeo, el hijo de Filó, también es hijo suyo.

Yuma, la niña que casi se pierde río abajo en el momento de nacer, emerge del agua como mujer, en idilio con la naturaleza. Alguien mató a María, la madre de Yuma, con un revólver. Pero en las noches de luna llena María vuelve convertida en jaguar. Juventino, el hijo de José Leoncio, decide conocer a su padre y viaja al Pantanal. Yuma vive ahora sola con una joven que se hace pasar por muda, y no sabe que la muda es su peor enemiga.

Ahora hay dos espíritus que rondan el pantanal. Uno es Juventino grande, el padre de José Leoncio, quien un día dejó todo y se hundió en el corazón palpitante del pantano. Todos lo dan por muerto menos su hijo José Leoncio; él sabe que está vivo. No sólo está vivo. "El viejo del río", como lo llaman, sabe todo lo que ocurre en el pantanal y se hace cargo. Un día María sale a buscar a Yuma, que era chica todavía, y la pica una serpiente. Queda ahí, tendida, desmayada, moribunda. María, famosa en la selva por haber matado una anaconda a mordiscones, no podía morir así, por una picadura de serpiente, como alguien cualquiera. Juventino apareció de la nada, de la noche, del río, y la curó, noche y día, día y noche, con hierbas, con barro, con rezos e invocaciones. Cuando María despertó de la fiebre, el hombre volvió a perderse en el secreto del pantano.

Más tarde la matan de un tiro, y ahora también María anda por ahí, pero sólo en espíritu. Su cuerpo está enterrado, pero ella vive como jaguar y ronda a Yuma.

Hay una nueva mujer en el panorama, la hija de un vecino de José Leoncio, muy bonita y peligrosa. En su primera aparición y en un solo capítulo enloqueció de deseo a un peón, al mismo José Leoncio y al joven Juventino, que como todo joven rico de la ciudad parece interesado pero no tanto. Eso mismo le pasa con el resto de las cosas del mundo: está interesado pero no tanto.

Hoy es lunes. Hace dos días que no sé nada de todos ellos. Dejé a Yurna con "la muda"; todavía no sabe que fue ella quien hizo matar a su madre y que también la quiere matar a ella. Está vengando viejos asuntos entre los padres de ella y los padres de Yuma (María y Gil ¿recuerdan?) Pero algo le pasa a la muda. En cierto modo está seducida por Yuma, una criatura simple y llena de amor. La muda está ahí para matarla, pero por alguna razón espera.

Además, está muerta de miedo por el jaguar. Porque María sabe quién es ella y por qué está ahí.

Dejé a Juventino en el centro de las miradas campesinas, que lo ven cobarde y maricón porque no respondió a una provocación de borrachos, y porque le da miedo montar a caballo.

Vamos a tener problemas con la nueva vecinita. Vamos a tener problemas con la muda. A las seis de la tarde les cuento, pero hay algo que les puedo decir ahora: en el pantanal no hay escaleras.

ADRIANA VUELVE

En cualquiera de las vueltas de la vida se puede uno topar con una nueva novela: un cambio de horario en el trabajo, una tarde de gripe, un capítulo visto en casa de una amiga, cualquiera de las formas del puro azar pueden llevarte a ver una novela que empezó hace días o hace meses. No es grave. Se puede subir a bordo en cualquier momento, la novela es un barco lento, lento.

Puede tomar un capítulo, a lo sumo dos, entender cuál es el problema principal. En general alcanza con saber quién es el rico, quién es el pobre, y dónde está la Malvada. El resto de la información se va conociendo sobre la marcha. Las novelas están preparadas para reciclar información. Los personajes se cuentan y recuentan lo que pasó precisamente para eso, para proporcionar información al recién llegado y al que se perdió el capítulo de ayer.

Muchas novelas hacen incluso *raccontos,* y directamente repiten escenas anteriores para que uno las vea. Algunas hacen *raccontos y además* cuentan y recuentan lo que pasó. Porque no sólo hay que dar información; también hay que lograr ese ritmo moroso que la caracteriza, y que le da a la novela sensación de eternidad.

Lo cierto es que tomas una novela por la mitad y eso no te quita un ápice de placer. De a poco vas enterándote de lo que pasó, y en el peor de los casos te faltan algunas precisiones.

Por ejemplo. ¿Cómo es que Esteban Rigores, el padre de Adriana en *La dueña*, tiene tanto dinero ahora que está en París? ¿Es dinero de familia, lo ganó trabajando, se sacó la lotería? ¿Dónde estaba todo ese dinero cuando él peleaba como revolucionario contra el gobierno del tirano general Gómez? ¿Qué hacía Adriana, la hija de un hombre rico, sirviendo café en casa ajena y dejándose humillar por una tilinga?

Habíamos dejado a Adriana en el loquero, en el momento en que una banda de enanos la llevaba a un calabozo donde no veía la luz durante muchos años. Ese loquero no contenía locos solamente. Era el lugar donde se hacía "desaparecer" a las personas molestas, como la misma Adriana, y también los revolucionarios que se oponían a Gómez.

Ya estamos en la década del 40, Adriana lleva diez años en el manicomio. Quien la puso ahí fue Purificación Burgos, porque no lograba arrancarla de los brazos de su hijo Mauricio. Ella le tenía destinada otra esposa, María Eugenia (la del café), hija de su amigo Alejandro Telles.

Mauricio, coronel del ejército del general Gómez, no era un sujeto fácil de convencer ni de disuadir. Purificación, entonces, que no se andaba en chiquitas, hace "desaparecer" a Adriana en el manicomio, y le dice a Mauricio que ella es hija de su enemigo Esteban Rigores (esto es cierto), y que sólo lo envolvió para usarlo con fines políticos. Le muestra cartas donde Adriana informa a su padre los avances de su perversa manipulación (esto es falso, las cartas son apócrifas).

La treta funciona. Mauricio se vuelve loco y hace un intento bastante serio por arrancársela del corazón. Al menos se casa con María Eugenia y tiene con ella dos hijos.

Mientras tanto, el mismo Mauricio recibe la orden de hacer "desaparecer" a otro revolucionario, Saúl, y lo lleva al loquero en un caso flagrante de obediencia debida. Es el mismo loquero.

Saúl se enamora de Adriana, o mejor dicho, del monstruo en que Adriana se ha convertido después de todos esos años de encierro. Su cara es una úlcera viva, sus ojos están hundidos en una lagaña purulenta, el pelo revuelto y áspero no tiene color, las manos quedaron crispadas por la artritis, Adriana perdió el habla, ahora es una cosa, una especie de animal corrompido por las llagas. Pero aun así Saúl se enamora de ella. Ve más allá del pus y las fístulas, ve el remoto resplandor de una luz brillando a lo lejos, detrás de los ojos: Saúl adivina el reflejo de su alma.

Hay que amar a ese monstruo, te digo.

Cuando estuvo en el loquero, Mauricio también vio a Adriana, esa imagen del infierno, y también percibió alguna cosa perturbadora. Todos aguantamos la respiración por un instante, pero Él no la reconoció.

Saúl organiza la fuga. Provoca un incendio y escapan, él, Adriana y la amiga de Adriana, Mercedes, a quien hizo encerrar no un enemigo político sino su marido.

Bueno, el marido podría ser una de las formas posibles del enemigo político.

Unos campesinos encuentran en un zanjón el cadáver de una mujer horriblemente desfigurada que lleva en el cuello una medalla que pertenecía a Adriana. (No me pregunten. No sé quién era la mujer ni por qué tenía la medalla. También me perdí ese capítulo.) A quien reportan el hallazgo no es otro que Mauricio Lofiego, que a esta altura de la novela ya fue ascendido a general. Ya no usa ese uniforme verde oscuro con tiras de cuero que le cruzan el pecho; ahora lleva un traje color arena con charreteras doradas y peina canas.

Lo cierto es que Mauricio ve el cadáver de esa mujer horrible, reconoce la medalla (que le arranca y conserva en el puño apretado) y vuelve a su casa a emborracharse.

Pero Adriana sobrevive, aunque, según ella dice, su alma está muerta.

Pasa unos cuantos capítulos con la cabeza y los brazos envueltos en vendas. Está, como dijimos, quemada y desfigurada.

Pero, como también dijimos, tiene un padre rico en París, y ahí va, con sus vendas y su alma herida.

Cuando Adriana vuelve a Caracas —durante unos cuantos capítulos la vemos de espaldas, con una importante bata de raso blanco matelassé— comienza a tomar sentido el acápite que inicia cada día la novela, y que hasta ahora sólo parecía un homenaje verbal.

Cada día José Ignacio Cabrujas, el autor, le dedica la novela a Alejandro Dumas y su obra *El Conde de Montecristo*. Y en efecto, a medida que la historia avanza, se nota cada vez más claramente que La dueña no es otra cosa que la versión libre y mujer de El *Conde de Montecristo*.

La historia, en efecto, es prácticamente la misma. Él fue encerrado en una cárcel dejada de la mano de Dios sólo porque era joven y apuesto, porque tenía la mejor chica del barrio, porque en su barco (era marino) fue rápidamente ascendido a capitán. Tiene varios enemigos, entre otros el que está encaprichado con la chica y la quiere para sí, y el que esperaba ser ascendido a capitán y resultó postergado. En la cárcel, después de varios años, entra en relación con un viejo sabio — injustamente encerrado también,"desaparecido" mucho tiempo atrásque lo educa en todos los planos y también le habla de un tesoro escondido en una "isla de Montecristo". Nuestro héroe tiene ocasión de escapar de la cárcel cuando muere el viejo. Se cambia con el cadáver dentro de una bolsa y deja que lo echen al mar. Lo rescata un barco de pescadores que de inmediato reconocen cierta superioridad en él y se ponen a su servicio. Esa superioridad se la da en parte su formación —el viejo le enseñó historia, astronomía y todo lo demás— pero sobre todo el monto infinito de su sufrimiento.

Con las instrucciones que le dio el viejo, él encuentra el tesoro; se da a sí mismo el título de Conde y adopta el nombre de la isla. Con todo el dinero (cofres enormes cargados de joyas y monedas de oro, como en las películas de piratas), y con su comitiva de servidores, el Conde de Montecristo hace su entrada triunfal a París y deja a todo el mundo con la boca abierta. Una vez instalado, comienza su venganza.

El Conde de Montecristo es principalmente una historia de venganza. Uno a uno el conde va destruyendo a los sujetos que lo encerraron, gente muy poderosa ahora. El que se casó con su mujer es un abogado importante; el que era marino es el banquero principal de Francia.

Ah, deliciosa venganza.

Adriana vuelve a Caracas con la fortuna de su padre y una nueva identidad: Ximena Sáenz. Ofrece una comida e invita a todos los que la perjudicaron: Doña Purificación Burgos Lofiego, la Malvada, y su marido, un hombre muy tonto que sólo se dedica a comer y beber. Pero atención, es banquero. El señor Alejandro Telles, hombre poderoso que ahora quiere dedicarse a la política. Es el padre de María Eugenia —la mujer de Mauricio y de otra alhaja llamada Concepción cuya historia no nos interesa demasiado ahora. También Concepción está en la fiesta. Está Mauricio, desde luego, con María Eugenia. Está Saúl, el salvador de Adriana, por casualidad. Están todos, está incluso Beatriz, la madre de Adriana, una mujer buena, víctima de los prejuicios de la época, que cree muerta a su hija,

Asunción, la mujer de Telles, no está en la fiesta porque hace un tiempo se retiró a un convento. Asunción fue siempre una mujer muy estúpida, que andaba por la casa en una bata llena de volados, diciendo tonterías y sin entender nada de lo que pasaba a su alrededor.

El convento, dicho sea de paso, parece haber curado de un golpe la estupidez de Asunción. Ya no dice pavadas. Sólo se dedica al rezo y con esa contrición al parecer logró la paz de su espíritu.

Pero volvamos a la fiesta. Cuando "Ximena Sáenz" baja por las escaleras (atención, escaleras) con un resplandeciente vestido blanco de gasa bordada, hace rato que nadie la ve, nosotros tampoco. La dejamos en París envuelta en vendas, y de regreso en Caracas siempre nos dio la espalda.

Ahora, cuando bajó por las escaleras (un escalón, otro escalón, la cámara a la altura de su cintura, su escote, su cuello ... por fin su cara) la vemos por fin. Los cirujanos debieron hacerse un festín. Está, claro, espléndida. Más linda que antes, más mala, Ahora tiene un estilo sofisticado (Venezuela, no Hollywood), el pelo rojo y largo organizado en rígidas ondas sujetas atrás. Se parece a Rita Hayworth.

Ximena mira fuerte, habla lento. Todos la miran estupefactos, le tienen un poco de miedo. Y como diría J. R. Ewing en Dallas, hacen bien en tener miedo.

Igual que el Conde de Montecristo, Adriana planea su venganza. En un periquete Mauricio se vuelve a enamorar. Y ella, aunque detesta admitirlo, todavía lo ama también.

Esta novela está firmada por cuatro autores, con José Ignacio Cabrujas a la cabeza. Cabrujas, creo haber dicho antes, es un excelente escritor y dramaturgo venezolano que no le hace asco a las novelas para ganarse la vida. Las novelas de él se reconocen, entre otras cosas, por la calidad de los textos. Fíjense.

Mauricio llega a la casa de Ximena (es Adriana ¿se acuerdan?) que usa un vestido negro ajustado de terciopelo con mangas importantes, aros de rubíes y un broche haciendo juego. El pelo levantado en un rodete complicado, un maquillaje de una hora y media por lo menos. Pero no es un equipo casual de estar en casa. Ella llega de la calle.

-Vine a dejarle una nota —dice él, con su uniforme color arena y charreteras doradas. El es uno de esos hombres de los que una se va enamorando de a poco, como Harvey Keitel.

-Entonces hice bien en llegar temprano —contesta ella. Todo se dice con intención y lentitud, como si fuera una ópera que en lugar de cantar ellos prefirieran decir.

-Por favor, le pido disculpas —dice él.

-Por qué —así, sin signos de pregunta.

-Por presentarme así, sin llamar.

-La noche empieza, general. ¿Qué le trae por aquí?

Pausa intensa.

-Tengo que contestar a esa pregunta? —dice él, la voz ahogada.

-No.

-Le voy a confesar algo. No sé a qué vine.

-Entonces podemos hablar de cualquier tema. Son las diez. ¿Café? ¿Un trago?

-Usted decide —dice él—. El intruso soy yo.

-Un té. Como los chinos —decide ella, secretamente divertida.

Ella hace sonar una campanita de plata y ordena té.

Se hace otra pausa. Adriana camina lentamente por la sala, su puño aún crispado sobre el bastón.

-¿Cómo se hace para iniciar una conversación con una persona que no sabe a qué vino?

-Probablemente vine a muchas cosas.

-Eso está mejor.

-Verá. Usted se parece increíblemente a alguien que conocí.

-¿A quién?

-Usted la mencionó en esta casa —se refiere al día de la fiesta—. Se llamaba Adriana.

Cuando él dice Adriana suena muy fuerte un acorde de Wagner, que sirve para subrayar la intensidad de algunos momentos, de algunas palabras. Primer plano de la cara de Adriana. Otro acorde. Adriana no deja traslucir su perturbación.

-¿En qué sentido me parezco?

-Físicamente. Sólo en ese sentido. Pero tanto que, cuando la vi bajar por las escaleras (escaleras, escaleras) pensé en esa persona.

-No lo sabía.

-Eso para mi fue una señal —dice él.

-Una señal. ¿De qué?

-No sé si es el momento de decírselo. —El ya está perdido, no sé si me entienden—. Se va a reír de mí.

-Quién sabe.

-¿Usted cree que un hombre puede decidir su vida en un instante, en un segundo, en una fracción de segundo?

Adriana parece animada por la pregunta.

-Esa es una gran pregunta, general. Desgraciadamente no hay respuesta. Las ruletas no tienen respuesta. Hace dos meses, en Montecarlo, jugué el siete. Negro. Cábala. Yo puse una fuerte cantidad y el croupier me miró. Fue como usted dice, una fracción de segundo. Como si él pensara, estás loca, y yo por dentro, sentí que iba a ganar.

-¿Y ganó?

-Yo nunca pierdo, general. Hace años perdí... Ya perdí.

Se miran a los ojos. Mauricio saca algo del bolsillo y lo acerca mucho a la cara de ella. Por un momento pensé que era la condenada medalla que le encontraron a la muerta, pero no. Era una moneda.

-En su casa no hay ruleta, ni estamos en Montecarlo, ni hay siete negro. Pero el azar es el mismo. ¿Jugamos a cara o sello?

Ella lo mira con la sombra de una sonrisa.

-Jugamos... qué.

-A que yo le digo lo que siento... o me callo.

-Y qué apostamos.

-Apostamos una vida. Apostamos el ridículo que a lo mejor hago.

-Y yo ¿qué pierdo?

-Nada. Aquí el único que pierde soy yo. Porque el único que gana soy yo.

Nueva pausa. Tenemos todo el tiempo del mundo.

-Yo —dice ella por fin—, digo sello.

-De acuerdo. Yo digo cara.

Mauricio echa la moneda al aire y luego la acerca otra vez a la cara de ella.

-Usted ganó —dice Adriana.

-No. Yo perdí. Porque voy a decirle que estoy enamorado de usted.

Música de Wagner, fuerte, y fin del bloque.

Unos días después, ahora con vestido color fucsia y sombrero de plumas del mismo color con voilette, Adriana va al convento a visitar a Asunción. Asunción, la mujer de Alejandro Telles, la madre de María Eugenia y Concepción, se recluyó ahí para escapar del mundanal ruido y, en su caso particular, también de la estupidez.

Adriana consigue entrar gracias a una importante donación que lleva para el convento. Una vez en la celda con Asunción, y después de un diálogo breve y agrio, Adriana saca de su carterita de plata un pequeño pastillero y se lo muestra.

Con ese gesto se da a conocer. Adriana era la encargada de socorrer las frecuentes jaquecas de Asunción con esas pastillitas. Asunción la mira aterrada, como si viniera de entre los muertos, y pide...

-¡Piedad!

-¿Tú la tuviste? ¿Tú la tuviste, farsante?

En esta escena Adriana muerde las palabras y deja que las module el odio. Habla lento, también, y claro. Y mira fijo. Ay, Asunción, que Dios te ayude.

-Tú eras la hiena, Asunción. Tu vivías al lado de la bestia, comiendo migajas, las sobras del festín.

-Yo lo he pagado.

-No. Tú no lo has pagado. Esto no es pagar —Adriana mira a su alrededor, la austeridad de la celda—. Esta falsa paz... Tú sabías que yo estaba en ese sitio...

-Yo nunca pregunté...

-Pero lo sabías. No era cómodo preguntar. Tú mataste a mi hijo —Adriana entró al loquero embarazada de Mauricio, y perdió el niño el día en que los enanos la llevaron a aquel calabozo—. Tú acabaste conmigo. Callada. Silenciosa. Con tus jaquecas y tus "pastillitas". Que nadie te turbe. Que nadie te incomode. Pero lo sabías. Y lo hiciste porque tu marido quería mi dinero y lo obtuvo. ¿No era ésa la razón?

-Adriana...

-¿No era ésa la razón?

Asunción responde al fin con un hilo de voz.

-Sí.

(Ernesto le había enviado una gran suma de dinero a su hija Adriana y ésta, en su inocencia, se la dio a Alejandro Telles para que se la guardara o administrara o algo. Telles, desde luego, se la guardó para sí y pagó también, lo mismo que Purificación Burgos, para enterrar a Adriana en el manicomio.) Sigue Adriana.

-Detrás de esta cara que estás mirando hay otra, la que tu fabricaste. La que tú hiciste.

Yo creería en la paz de este convento si al entrar aquí hubieras dado una señal. Si hubieras dicho "Hay una mujer padeciendo un tormento. Padeciendo el peor de los horrores". Pero no. Aquí entraste para ver pajaritos... y oler jazmines. Y rezarle al infierno.

-¡No, no!

-Entonces ¿por qué no dijiste la verdad? Tú y la escoria de tu hija lo sabían —se refiere a María Eugenia, la que se casó con Mauricio—. Yo sé que lo sabían, Tú y Purificación. Tú y Alejandro. Qué cómodo era escapar.

-¡Perdón, perdón! Tengo diez años soñando contigo. Dime qué debo hacer para que me perdones...

Adriana, que estaba dándole la espalda, se vuelve y la mira como si fuera eso precisamente lo que todo el tiempo quiso escuchar.

-Perdónate a tí misma, Asunción. Yo he venido a decirte que no te perdono. Que tu suerte está sellada. Que no tienes esperanzas, Y ahora me voy,

-Adriana...

Adriana le habla con profundo desprecio.

-Pobre vieja hiena. Qué castigo te espera. El castigo eres tú. Hiena, que parió hienas. Dios te cerró las puertas. Quédate aquí y reza.

Adriana sale y deja a Asunción completamente desesperada frente a una cruz. Cuando poco más tarde —en el bloque siguiente— entra una monja a la celda para decirle algo, se topa con los pies de la mujer colgando a la altura de su cara.

Ahora ya sabemos quién es la Dueña. Igual que en la película que en la Argentina se llamó *La malvada* (*All About Eve*), pasamos buena parte del film creyendo que Margo (Bette Davis) era la malvada, porque era dura, caprichosa y narcisista. Y porque era Bette Davis. Pero a medida que avanzó la historia quedó claro que la peligrosa malvada no era otra que Eve (Anne Baxter). De la misma manera todos creímos que la Dueña era Purificación Burgos, dueña de esa casa, de sus hijos, de su tonto marido, de las riquezas en el banco y el destino de todo el mundo. Sin embargo la Dueña resultó ser Adriana. Cuando vuelve a Caracas, con hambre y sed de venganza, tiene un sirviente, un esclavo, una especie de guardaespaldas, detective, matón y mayordomo que la llama así, le dice "Dueña".

Segunda parte

1
¿Qué quieren las mujeres?

Vamos a ver ¿qué quieren las mujeres?

Esta pregunta, que según dicen torturó a Sigmund Freud en la primera mitad del siglo, alimenta hasta el día de hoy mucha literatura sociológica y resuelve interminables sumarios en las revistas femeninas.

La información al respecto es perfectamente contradictoria. En foros y congresos está claro que la mujer ha recorrido un largo camino; y esta misma frase, que pasó a la historia como invocación publicitaria de una marca de cigarrillos (Virginia Slims), es en sí reveladora. La muchacha recorrió un largo camino primero para fumar, y más tarde para dejar de fumar.

¿Qué quieren las mujeres?

Hoy nadie duda de su triunfo en la gesta feminista. En esos mismos congresos y foros que nombraba hace un momento se enumeran las victorias: mujeres presidentes y primeras ministras en varios países, primeras damas de temer en otros, porcentajes significativos de presencia femenina en los congresos en algunos, ascenso indiscutido en los organigramas empresarios. Además, aparición con vida en el mundo del pensamiento. Y también un espacio de respeto en el mundo del arte.

Hasta hace muy poco tiempo sólo se hacían reseñas literarias de los libros escritos por hombres y los de unas pocas mujeres muy mayores y consagradas. En cuanto al trabajo de las otras mujeres, la única manera de encararlo era en forma masiva, como si una mujer por sí misma no alcanzara entidad suficiente como para merecer la atención de la crítica. A las mujeres se las reseñaba invariablemente en grupo, bajo un título común del tipo "Tres narradoras argentinas", o "Tres poetas argentinas" o con suplementos literarios tipo "Mujeres Rioplatenses" o números especiales de revistas "Dedicados a la mujer". Con mecanismos de agrupación como éstos, los críticos hacían una especie de viaje de turismo y aventura a un país raro que era el de la creación de las mujeres.

Aun en los pocos casos en que se reseñaba a una escritora sola, sin una corte de colegas que atinaba a publicar sus libros en la misma época, la crítica tenía una tendencia a deslumbrarse con el hecho de que la autora fuera mujer más que con la obra misma. Las reseñas se demoraban en la descripción de su forma de vida, su casa, el gato, la parra en el jardín, a veces incluso los atributos físicos de la autora, y apenas tocaban el libro. Esto en alguna medida cambió. Ahora parece relativamente natural que una mujer escriba, pinte o haga cine, y ya no importa tanto el color de las cortinas de su casa.

Esta extrañeza con respecto a la mujer y su tarea no se limita a la creación artística; también se ve en otras manifestaciones o trabajos. Voy a poner un ejemplo. En un programa nocturno de una radio importante, el conductor tiene un invitado cada noche; conversa con su visitante y recibe llamados del público que, como es frecuente, envía mensajes y participa a su modo con preguntas y comentarios. Una noche recibe a una mujer, la locutora Betty Elizalde, una profesional excelente tal vez algo postergada en los últimos tiempos. El conductor conversa con ella animadamente y no puede evitar el recuerdo de épocas anteriores, cuando Betty Elizalde tenía tanto éxito. Tampoco puede evitar asociarla con otras grandes locutoras de su época (como si dijéramos "Tres locutoras argentinas"), pero no le alcanza con mencionarlas. Frente al micrófono pide a su equipo de producción que lo pongan en comunicación con una de ellas, Lidia Saporito, porque quiere hacerlas hablar entre sí.

Betty Elizalde no salta de alegría ni mucho menos. Comenta con toda claridad que no le gustan tanto esas cosas, que ha rechazado invitaciones anteriores a tertulias con otras locutoras. Pero el conductor no escucha razones. Aparentemente, una mujer no alcanza por sí sola como invitada de interés y tiene que ponerla contra un fondo de otras mujeres, colegas, que le sirvan, no sé, de sostén, justificación, francamente no sé de qué.

Aquí tenemos, otra vez, un viaje al país raro de las mujeres. Si está Betty Elizalde también tiene que estar, aunque sea por teléfono, Lidia Saporito. Unos días antes, cuando estuvo el músico Pocho Lapouble, al conductor no se le ocurrió hacer llamar y ponerlo en contacto con Baby López Furst. Unos días después, cuando estuvo Paco Jamandreu, tampoco se le ocurrió hacer llamar y ponerlo en contacto con Jacques Dorian. Cada uno de sus invitados tiene una personalidad, un discurso, un interés en sí mismo. Sólo cuando invita a una mujer se mete en una raza, una religión o un país profundamente extranjero. Esto, en el mejor de los casos. También podría estar metiéndose con algo oscuro o menor, una curiosidad étnica, una minoría tan excepcional que un ejemplar por sí mismo no le alcanza como muestra válida.

Pongámonos en el lugar de Betty Elizalde: es convocada a un programa de radio, pero "la invitan" a conversar con una antigua colega, que en su momento fue aun más importante que ella, y entonces ambas tienen la oportunidad de elogiarse y halagarse indecorosamente durante diez minutos. Fue una idea espontánea: el conductor pensó que sería "divertido". O tal vez sintió en un punto subterráneo que Betty Elizalde por sí misma no era atracción suficiente para su programa. Así, en una sola pirueta, armó un brevísimo museo de la locución femenina y le dio a toda la entrevista el olor a humedad del pasado o la cháchara ligera de una mesa de canasta. ¿A quién le gustaría? A Elizalde ciertamente no le gustó: hizo un par de bromas rápidas y viscerales, muy claras al respecto, que sería injusto reproducir porque suenan mucho más fuertes cuando se las pone por escrito.

La gesta feminista, decía, ha tenido un triunfo indiscutido. La prueba consiste en que ya casi no se habla del tema.

Y ése era el propósito. Aunque al principio parecía una religión llena de furia, el verdadero sentido de la cuestión feminista era convertir el derecho de la mujer en uno más de los derechos humanos, y olvidar el asunto.

Olvidar el asunto, así como se olvida el tema del dinero cuando se tiene dinero suficiente.

El triunfo de la gesta feminista no significa que una voz hegemónica reconozca el lugar y el valor de la mujer dentro de la sociedad moderna. Ni mucho menos. La discusión sigue. especialmente entre las mismas mujeres. Gloria Steinem, por ejemplo, una de las líderes máximas del movimiento surgido en la década del 70, es acusada ahora de "traición a la causa", por su libro *La revolución desde adentro* (Atlántida, 1994). En el mejor estilo New Age, este libro se concentra en el poder de la autoestima para todo propósito, y la causa del disgusto feminista es en principio el hecho de que se dirige a hombres y mujeres por igual. También se le ha criticado el haber puesto al feminismo como un ejemplo de auto-curación. El libro, sin embargo, ha tenido gran éxito de público.

Un punto de renovado interés con respecto al movimiento feminista lo propuso Susan Faludi, una periodista del Wall *Street Journal* egresada de Harvard y ganadora del premio Pulitzer, con un libro que puso nerviosa a mucha gente llamado *Reacción, la guerra no declarada contra la mujer moderna estadounidense*, publicado por Planeta en 1992. Faludi responde en principio a una encuesta de Time/CNN, según la cual una cantidad alarmante de mujeres en los Estados Unidos (63% contra 29%) no se reconocieron como feministas ni manifestaron simpatía alguna por el movimiento.

En su libro, Faludi afirma que este "olvido" de la cuestión feminista o marcha atrás en la batalla no se debe a que las mujeres se sienten finalmente libres y reconocidas y que por lo tanto no necesitan ya movimiento alguno de defensa. Tampoco se debe a que, una vez logradas las libertades básicas, las mujeres pueden ahora darse el lujo de pensar las cosas dos veces. Faludi denuncia una campaña surgida durante el gobierno de Reagan, que a través de los medios, el cine y la televisión, amasaron (in conjunto de insidiosos mensajes que podrían resumirse en la siguiente idea: "El feminismo es tu peor enemigo. Toda esta libertad que conseguiste sólo te hace sentir miserable, inestable, incasable y estéril. Vuelve a casa, prepara una torta, deja de golpear en las puertas de la vida pública... y todos tus problemas van a desaparecer".

No puedo seguir adelante sin admitir que yo misma publiqué una columna en la revista *Claudia* en el año 1984, en la misma década del 80 que advierte Faludi, llamada, precisamente "Chicas, volvamos a casa". En esa nota dudaba yo de la eficiencia del feminismo, más preocupado, me cito a mí misma, por "el territorio potencial de lo que debería ser ... que por la realidad presente e indicativa de lo que es". En esta nota yo reproducía unas ideas del antropólogo francés Serge Moscovici, quien analizó las zonas de poder femenino y masculino a partir de una afirmación deslumbrante. La mujer, dijo, es el conjunto de todas las angustias masculinas.

Moscovici sugería que el feminismo cometía el error de plantear sus demandas en términos masculinos (mejoras salariales, paridad parlamentaria, etc.). Así formuladas, estas demandas se vuelven manejables, tranquilizadoras. Lo que hay que hacer, decía Moscovici, es moverle el piso a la realidad —se refería al poder masculino, el establishment, apuntando a lo inesperado, a lo desconocido. Si en lugar de luchar por el derecho a trabajar en igualdad con los hombres, en el terreno de ellos, la mujer decretara, por ejemplo, que la cocina de su casa es un centro de poder universal, y sonriera enigmáticamente al afirmarlo, los hombres no se quedarían tan tranquilos. Por lo menos no entenderían nada, que ya es algo. Esta inquietud potenciaría una de las armas más poderosas que tenemos las mujeres, decía Moscovici, tal vez la única: la de ser el conjunto de todas las angustias masculinas.

Hoy releo ese artículo y suena tan ingenuo. En el contexto de las operaciones económicas de la actualidad, las tormentas bursátiles que cruzan fronteras y arrasan países, las batallas para comprar y vender, fusionar y desmantelar enormes corporaciones trasnacionales, la voracidad empresaria, las autopistas informáticas, las nuevas enfermedades del planeta y las transformaciones climáticas... a quién le importaría qué hace una mujer en la intimidad de su cocina.

Sin embargo la propuesta de Moscovici sigue siendo consistente. Él ejemplificaba su postura con la problemática de los negros. Decía que los estadounidenses sólo se asustaron de los negros cuando éstos dejaron de pedir "igualdad" y en cambio proclamaron "El negro es hermo*so*" (*Black is beautiful*).

Hoy, se me ocurre, podríamos poner otro ejemplo, más actual: el éxito fulminante, para muchos inexplicable, del teleteatro en el mundo entero. ¿Qué hacen, si no, hombres y mujeres en Alemania, Corea y Japón derramando lágrimas por la suerte de Verónica Castro? Me encantaría saber qué opina Serge Moscovici acerca de esto. Según su teoría, este avance del teleteatro podría interpretarse como una franca ofensiva del poder femenino, infiltrada por el boquete más inesperado de la línea Maginot.

Volviendo al *backlash, o* reacción al movimiento feminista, yo publiqué mi columna —que me costó el saludo de muchas amigas— como un acto candoroso, pero años más tarde vi que coincidía con el juego denunciado por Faludi. Mis problemas personales con el feminismo, no sé si vienen al caso o no, pasaban en general por cuestiones más formales que ideológicas, como por ejemplo el sentido del humor.

Es posible que el sentido del humor haya sido uno de los logros que era preciso ganarse el derecho a obtener. Es posible que sólo hoy, después de muchos años de lucha, la falta de humor de una peleadora como María Elena Odonnel haya abierto la puerta para el humor de Maitena, que publica sus historietas todas las semanas en la revista Para Ti.

Odone decía que detrás de cada piropo callejero hay una violación en potencia. Era antipática. Lo más fácil del mundo era señalarla a ella como el ejemplo de la feminista pesada y monotemática de la que todas nos queríamos diferenciar. Pero ella era la única capaz de plantarse en la puerta de un violador —con sus seguidoras, un puñado de mujeres enojadas— y pintarle la vereda con grandes letras en rojo que decían AQUI VIVE UN VIOLADOR.

El hombre había intentado violar a una jovencita que vendía electrodomésticos de puerta en puerta. Acosó a la chica y ésta, antes de ser violada, prefirió tirarse por el balcón. Pero no murió de inmediato; alcanzó a denunciar los hechos y señalar al culpable antes de morir. Sin embargo nada pasó. Todavía no se había inventado "el poder de los medios". *Nuevediario* no estuvo ahí. Mauro Viale no hizo la reconstrucción del hecho. El hombre salió en libertad enseguida y todo el mundo olvidó el asunto. Todo el mundo menos María Elena Odone, que se plantó en la puerta de su casa con un tarro de pintura y una brocha: Aquí vive un violador.

No seré yo quien critique a María Elena Odone ni a ninguna de las sufragistas que despertaron históricamente las burlas de los hombres y el desprecio contemporizador de muchas mujeres. En la otra punta —y muchos años más tarde están las tiras de Maitena Burundarena; con sus dibujos amables no dice cosas muy diferentes de las que sostiene la plataforma feminista más radical, pero desde el humor y con autocrítica.

Más allá de las cuestiones de tono —que pueden ser triviales o no, según— está el tema de la misoginia. La gesta feminista va estableciendo poco a poco leyes que neutralizan algunas arbitrariedades y protegen a las mujeres. Pero no hay ley en el mundo ni programa político que pueda luchar contra la misoginia.

La misoginia es una herramienta sutil y pertinaz que se filtra por las brechas que deja la ley. Depende del país en el que viva, una mujer puede defenderse legalmente de un abandono conyugal o un despido discriminatorio; en Estados Unidos, por ejemplo, tiene la ley de su lado. Pero en ninguna parte y en ninguna circunstancia puede defenderse de un chiste que la descalifique socialmente.

El humor es un arma de poder incalculado que hoy enarbola la sociedad para defenderse de la mujer triunfadora. En este mismo momento se ponen de moda libros de "chistes machistas", que los varones celebran y las mujeres ignoran. Las mujeres, a su vez, hacen negociaciones oportunas para defender los lugares que tanto les ha costado conseguir. Por ejemplo se interesan, o al menos se informan sobre fútbol, y así pueden participar en las ciclópeas conversaciones sobre el tema que antes eran patrimonio exclusivo de los hombres.

Las mujeres avanzan por la vida transformando la historia a cada paso. Como primera medida suprimieron la edad. "La muchacha" de Onetti jamás pasaba de los veinte años, y la "mujercita de treinta" estaba en el límite del descarte en las novelas de Dostoiewsky. De ahí se pasó a un dicho cuyo mismo voluntarismo resultaba al principio algo melancólico: "La vida empieza a los cuarenta". Más recientemente todavía, mujeres como Joan Collins y Jane Fonda obligaron a revisar la frontera de los cincuenta como idea escatológica y final. Una brecha cada vez más grande se abrió entre la mujer y el lugar común. Cuando en un diario sale un titular que dice: "Un auto arrolló a un sexagenario en Villa Urquiza", y relata el incidente ocurrido "al anciano", nadie piensa que Sofía Loren tiene hoy, el día en que estoy escribiendo esto, sesenta años.

Ciertamente la mujer común de sesenta años no se parece mucho a Sofía Loren, pero se parece menos a la idea de la "víctima sexagenaria" que sugiere el titular del vespertino.

Hoy las mujeres de sesenta años siguen en el mundo de los vivos, tienen problemática personal y sexual, mantienen una vida social o al menos la desean, que ya es mucho decir. Van al taller literario. Aprenden a cocinar en microondas. Hacen tai chi chuan.

Junto con la edad, las hijas del feminismo borraron el estado civil. Así desapareció el concepto de la solterona, aunque el arte misógino lo reemplazó en seguida por uno mucho más grosero que atribuye —tal como sucedía con las solteronas— cualquier rasgo antipático del carácter de una mujer a la frecuencia y la calidad de sus encuentros sexuales.

El único tema que la mujer actual registra como problema, como mandato y como deseo, es el de la maternidad. Aunque el llamado "instinto maternal" es largamente discutido —sólo entre las mujeres, diría—, el deseo de la maternidad perdura a través del tiempo y cruzando culturas.

Por un lado se presenta como siempre, dentro del contexto natural del paisaje doméstico: la joven que quiere "casarse y tener hijos". Lo interesante, sin embargo, es la aparición de este deseo en las condiciones más adversas: la empresaria, la ejecutiva, la trabajadora independiente, la mujer que tiene su vida organizada como un mecanismo de relojería, sola o con una relación amorosa no familiar. Un bebé no haría más que patear el tablero de todo este esquema; llenaría su departamento de juguetes y pañales descartables y haría trizas el orden meticuloso de su sobrecargada agenda.

Nadie lo sabe mejor que ella. Así, la idea ronda por los transfondos de la mente sin que se le dé permiso para emerger: es insensato, es antieconómico, es una locura. Pero la idea no desaparece; anda en puntas de pie por un territorio diferente, invulnerable a la ponderación intelectual. En un punto es como tener hambre: no entiende razones.

El paso del tiempo es un elemento importante. La posibilidad de tener un hijo no es un privilegio eterno. En Estados Unidos esta limitación tiene un nombre tan popular que ya aparece hasta en las historietas: el reloj biológico.

En algún momento, entonces, la mujer toma una decisión, o deja que la decisión la tome a ella. Muchas encaran la maternidad por su cuenta, como proyecto personal, con independencia de su situación civil y sentimental. Esto, que en otros tiempos constituía un estigma social, la "madre soltera", hoy se ha convertido casi en lo contrario, una suerte de trofeo, un acto de coraje y amor.

Las mujeres están negociando con el almanaque, con el

registro civil y con el mundo de la empresa. Crecen en el organigrama, saben mandar, saben organizar, son atávica e históricamente eficientes. Su punto más débil es el campo de la política empresaria. Les va mejor cuando trabajan —trabajan mucho, trabajan bien— que cuando hacen lobby.

Es lógico: la mujer tiene milenios de historia que le enseñaron a trabajar, pero es novata en el conjunto de cosas que giran en torno del trabajo. No maneja bien los tiempos, a veces confunde el ámbito laboral con el doméstico en el tono de las conversaciones, y de a poco, muy de a poco, aprende a conservar su condición de mujer al margen de su poder de seducción.

Aprende a dosificar la seducción como las gotas de un perfume muy pero muy fuerte.

La mujer viene entrenándose de a poco para no pagar por las cosas más que el precio razonable. Aprende, aprende. Ahora desarrolla no sólo su capacidad de trabajo sino también las artes políticas de la supervivencia. Aprende a pelear por lo suyo cuando hace falta y aprende a volverse transparente en los momentos oportunos. Así, y aunque todavía le falta, empieza a crecer en las empresas. Puede ganar posiciones y no ser despedida por cualquier motivo arbitrario cuando alguien, un jefe o un colega con más poder, decide que ella está molestando.

Algunas mujeres forman sus propias empresas y les va bien. Pero todavía son lo suficientemente escasas como para ser invitadas —siempre las mismas— a los programas de televisión en los que se habla de mujeres triunfadoras ("Tres empresarias argentinas").

Sí, las mujeres adquieren cada vez más espacio en el ancho mundo que se abre más allá de las puertas de su casa.

Hay otras por su parte que permanecen dentro de sus casas. Algunas no pueden salir. Otras no quieren.

Pero en resumidas cuentas y con todos estos avances... ¿Son más felices las mujeres?

No existe encuesta que pueda responder a esta pregunta. Hay que sentir la temperatura del ambiente. Hay que leer señales donde se pueda. Hay que mirar alrededor. Personalmente no creo que las mujeres sean más felices, pero esto tampoco tiene importancia.

"Ser feliz es importante solamente para quien no sabe lo que quiere."

Lo dijo una mujer furiosa planeando una venganza, y estoy de acuerdo. Ser feliz es una idea abstracta, una muleta del deseo. Lo único que importa es saber qué es lo que se quiere.

Saber lo que se quiere parece fácil pero no lo es.

Los hombres no tienen mayores problemas en cuanto a saber qué quieren. El mundo del deseo está perfectamente organizado para ellos, en todos los órdenes. Quieren prosperar y tener éxito en el trabajo. Quieren amor y servicio en su casa. Quieren respeto. Quieren dinero.

Sería fácil decir "las mujeres quieren lo mismo". ¿Quieren lo mismo? Sí, quieren lo mismo pero tal vez no en el mismo orden. O quieren lo mismo pero no saben que quieren lo mismo. Es posible que no tengan claro lo del respeto; exactamente en qué consiste ser respetada social, familiar, laboralmente. No se animan a desear el dinero porque de una manera oscura se sigue asociando el dinero con el pecado.

Tal vez quieren lo mismo y otras cosas también. Por ejemplo, hijos.

Los hombres también quieren hijos, seguro. Pero los hijos para los hombres están en un lugar diferente de la lista interna de deseos.

La diferencia fundamental entre las mujeres y los hombres en cuanto a los deseos radica en la legalidad. Los deseos de los hombres son lícitos, todos (con excepción de los deseos criminales, claro). En cambio son muy pocos los deseos de las mujeres que pueden considerarse así. Es lícito el deseo de ser madre. Es lícito el deseo de amar a un hombre, a los niños, a los ancianos y a la naturaleza.

Hasta ahí va todo bien. El deseo de prosperar profesionalmente y ganar dinero ya empieza a tener algunos problemas. Una mujer que logra un lugar en el mundo profesional o empresario, que gana dinero, es respetada y tiene poder, es probable que junto con todo eso obtenga también una calificación subterránea, o mejor dicho descalificación, que nadie dice en voz alta pero circula en privado, y comparten por igual los hombres y el resto de las mujeres.

Con respecto a esto hay dos grandes corrientes para elegir. Una corriente ve a la mujer poderosa como a una astuta enfermera o secretaria que se vale de las artes más antiguas del mundo para embaucar al anciano rico y senil; logra casarse con él y se queda con su fortuna. Este mito popular permite a la gente convivir con la idea de una mujer en un alto lugar de poder: la reduce a una Malvada de teleteatro y descalifica su conducta con una tácita deprecación moral. En el fondo, se piensa, ella no es más que una pícara con un poco de suerte.

Pero cuando no hubo herencias de por medio, cuando no se registran matrimonios ni fusiones de ninguna clase, cuando la mujer es puro talento y energía e incluso —en algunos casos resulta ser joven y atractiva, entonces la corriente es otra. Por lo general se piensa en sexo, en transacciones más sofisticadas, en la performance genital. En otros casos, según los temperamentos, se instala la idea de que ella es "fálica", es decir, un hombre disfrazado, un travesti, una forma de perversión.

No hace falta decir que muchas palabras del lenguaje psicoanalítico se independizaron del claustro académico, la consulta médica, el libro de referencia. Palabras como "histérica", "fóbico", "fálica", migraron de los lugares que solían frecuentar para instalarse en mesas de café, revistas de mujeres y reuniones sociales.

El vocabulario psicoanalítico se popularizó más en cualquier calle de Buenos Aires que en muchos congresos especializados de otras ciudades del mundo. Éste que fue un furor en la década del 70 hoy comienza a menguar, pero muy lentamente. Las palabras permanecen.

Así, algo libremente, suele aplicarse el concepto de "fálica" a la mujer que desea algo no doméstico (jamás se ha acusado de fálica a un ama de casa) y lo *consigue*. Puede decirse entonces que todo deseo no doméstico en una mujer deja de ser lícito, pierde legalidad, pisa peligrosamente la frontera de la perversión. Hay en el concepto de la mujer fálica —esto es, en el estereotipo de este concepto— una acusación solapada de querer lo que no le corresponde, de no allanarse a su destino de tejido y budín de pan.

Por extensión, se llama popularmente mujer fálica a toda criatura de género mujer que no hable con voz suave, que no eyecte suspiros ante la sola vista de un bebé, o que manifieste alguna forma expresa de violencia. Por ejemplo, que en la calle responda a un insulto con otro insulto. (Las mujeres no pueden enojarse. Lo único que se les permite, socialmente hablando, es volverse locas.)

Dicho de una manera más simple, se entiende popularmente por mujer fálica a la que quiere cosas (cierto hombre que le gusta, cierto cargo en la empresa) y consigue estas cosas como sea. Se la considera una mujer fálica si no se rompe, si no se pone a llorar ante el fracaso, si la adversidad no la desmorona como a una galletita.

En cualquier caso, tunanta o marimacho, la mujer con *deseos* pierde prestigio en la sociedad. Podrá tener dinero, incluso poder, pero prestigio sólo tienen las chicas buenas, las que cocinan y amamantan, las que lloran por amor y de tristeza, las que tienen marido, las que siempre hablan en primera persona del plural.

2
La mujer pública

Tener deseos, entonces, es para la mujer una especie de actividad de riesgo. Una mujer con deseos queda en descubierto y expuesta al calificativo social. Si le va mal, si no obtiene lo que desea, entonces no importa tanto. La mujer con su pequeña tragedia pasa a engrosar la galería de caricaturas del humor masculino y con eso queda neutralizada. Es perdonada. Pero si llega a obtener lo que desea la sanción social puede ser tan severa que la mujer misma, intuitivamente, se esmera en disimular.

Es interesante observar en este sentido a las mujeres públicas. Bueno, ni siquiera se puede decir "mujer pública" por su significado equívoco, pero creo que no es necesario hacer una parrafada sobre esto.

Las mujeres de la política, que en los países latinos tienen bastante más problemas que en Suecia o Islandia, cuidan muy especialmente que en su discurso no aflore un ápice de ambición. La ambición es en los hombres uno de los atributos de su eficiencia. En la mujer, por el contrario, se convierte en un peligro comunitario, un factor de sospecha, casi una garantía de inmoralidad.

Cuando las empresarias hablan de sus carreras por lo general afirman haber sido educadas "en la cultura del trabajo", o lo que pasó fue que quedaron viudas y "no les quedó más remedio que hacerse cargo".

En las mujeres del espectáculo, si uno las escucha, todo parece haberles llegado "por un golpe de suerte" o porque trabajaron muy duro".

Todo en la vida de la triunfadora es producto del sacrificio o el destino, jamás del goce y la deliberación.

Hay un capítulo de la *sitcom Murphy Brown* que en jugosos veinticinco minutos toca algunos de estos temas con su filoso humor habitual. Están por entregar cierto premio muy prestigioso. La famosa periodista Murphy Brown está nominada, desde luego. También Frank Montana, otro periodista del equipo, que lleva nueve años nominado y sin ganar. La novedad es que esta vez también resultó nominada Corky Sherwood, la joven que hace notas de color en el noticioso, cuyo único antecedente profesional es haber ganado el título de Miss América. Cena de gala, entrega de premios, y ante la sorpresa de todo el mundo ¡gana Corky!

La reacción de Corky es inesperada por lo saludable y sincera. Se pone de pie, alza los dos brazos al cielo con los puños apretados y lanza un alarido de felicidad completamente animal. ¡Ganéee! Nada de remilgos, nada de lágrimas, ningún pudor. Sube al escenario a los gritos, toma el premio —una especie de obelisco transparente—, lo alza al cielo y vuelve a gritar: ¡No puedo creer que gané! La gente del público sonríe con alguna timidez. A continuación Corky hace un discurso emocionado en el que destruye por completo a Murphy Brown a través de los elogios. "Todo se lo debo a ella" dice. "La primera vez que la vi en televisión yo tendría... ocho o nueve años". Primer plano de Murphy Brown (Candice Bergen) donde se ve cómo empieza a amasarse en su cara el instinto criminal. Corky continúa elogiándola con frases como "Ella sigue ahí a través del tiempo, como un tronco viejo, tan generoso que permite a los frutos nuevos como yo brotar en sus ramas secas".

Al día siguiente, en la rueda de trabajo, Murphy presenta una investigación que viene preparando desde hace meses sobre un complicado escándalo político, pero el productor le da la nota a Corky: acaba de ganar un premio, por lo tanto, ahora es la estrella. Corky recibe los halagos con perfecta naturalidad y comienza a demandar cosas: quiere hielo en su vaso de agua, oficina más grande, muebles nuevos.

Un poco más tarde, Corky se presenta en la oficina y se la ve idéntica a Murphy Brown: se ha vestido en el mismo estilo y lleva su mismo peinado. También ha adquirido su proverbial mal humor; igual que Murphy le grita a todo el mundo. Está muy nerviosa. La nota es demasiado difícil para ella. El productor le pide a Murphy que la ayude, pero Murphy se niega.

Murphy en su casa comienza a sacar de una caja todos los premios que ganó anteriormente (eso no la consuela). Llega Corky en estado de colapso. Despeinada, destruida, le suplica ayuda a Murphy, se echa a sus pies llorando. No puede con la nota. Murphy le hace una terapia breve y cruel: la obliga a separarse del premio porque sabe que lo lleva consigo en la cartera. Corky le entrega el premio y va a su casa a arreglarse un poco; Murphy accedió a ayudarla.

Camino a la puerta, Corky dice: "Yo creí que había vencido a Murphy, pero no es verdad, no lo logré". Ya con otra expresión y encantadora como siempre, se vuelve a Murphy y le dice con musical picardía: "Pero un día de estos lo lograr*ée*..."

Es un capítulo gracioso y descarnado al mismo tiempo. A través del humor se tocan asuntos como la ambición y la competencia, la admiración y la envidia, el triunfo y el fracaso, que son frecuentes y naturales en la problemática de los hombres, pero adquieren un sesgo filoso cuando se trata de mujeres.

La alegría volcánica de Corky resulta graciosa porque no estamos acostumbrados a ver en forma tan indecorosa la felicidad de una mujer. Y no porque tuvo un hijo. No porque su marido tuvo un éxito político. No porque su hijo mayor se graduó en la escuela. No porque le salió perfecta la torta de chocolate. No porque tiene lavarropas nuevo. Es la felicidad —peligrosa por lo intensa— de haber sido premiada públicamente por su actuación profesional.

El discurso de Corky resulta gracioso porque no usa ninguna de las artes simulatorias de las mujeres. Se siente descaradamente feliz y merecedora del premio. No lo comparte con nadie.

Es graciosa, de una manera más cruel y profunda, la forma en que se disfraza de Murphy Brown, el modo directo, casi infantil en que muestra su deseo de ser como ella. Es graciosa también (y reivindicativa) la forma en que Corky fracasa. Porque para ser una gran periodista se necesita más que cierto peinado y un proverbial mal humor. Es gracioso, por último, que por encima del fracaso, el llanto y el perdón, Corky insista con su amenaza de desplazar a Murphy Brown. Que no renuncie a su ambición.

Lo que es gracioso, para decirlo en pocas palabras, es que se muestre algo del funcionamiento interior de las mujeres, ese misterio atávico, ese secreto universal. Porque la mujer usa mucho la palabra felicidad, pero lo que muestra, cuando muestra, no es felicidad. A lo sumo es satisfacción.

Volvemos a lo mismo. ¿Qué quieren las mujeres?

Éste es posiblemente el secreto mejor guardado de la civilización. En muchos casos ni siquiera las mismas mujeres lo saben. ¿De veras quieren igualdad de derechos? ¿Dinero y poder? ¿Pasión y sexo? ¿De veras quieren salir a la calle a triunfar? O mejor quedarse en casa a tejer crochet. ¿Servir a un hombre? ¿Independizarse de él? ¿Tenerlo a su servicio? ¿Qué diantres?

Voy a proponer una teoría que puede funcionar como un juego.

Traté de demostrar más arriba que el teleteatro, lejos del realismo que muchos críticos y sociólogos prestigiosos le atribuyen (como Elíiseo Verón, por ejemplo), pertenece al género fantástico en su modo maravilloso, es decir, el que a la manera de los cuentos de hadas, le permite proponer las premisas ficcionales más disparatadas y resolver sus conflictos e intrigas valiéndose de los recursos más convenientes en cada caso: increíbles casualidades, oportunas amnesias, curaciones mágicas, muertes súbitas y hasta resurrecciones.

Lo que voy a tratar de demostrar ahora es que el esquema básico del teleteatro no responde a los criterios lógicos de una ficción realista, sino a los criterios no muy lógicos, tal vez irracionales y contradictorios que conforman el mapa secreto de los deseos de las mujeres.

Algo hay en el éxito del teleteatro que trasciende sus virtudes más elementales. Algo hay en su vigencia, en su cambio de lugar dentro del cuerpo de la cultura, en su creciente importancia económica como producto de exportación y mercado de celebridades, algo hay en todo esto que merece alguna observación. Incluso antes de la situación actual, la moda, el interés de los intelectuales y el rebote sofisticado por la resonancia internacional de las novelas, algo hubo siempre en las novelas que logró la adhesión de las mujeres, aun en su hora más modesta. Algo hubo siempre en las novelas que provocó una equivalente repugnancia en todos los que no caían en las garras de la historia. Burla y desdén, Actitudes de desprecio y rechazo activo que no se le ahorraron al teleteatro pero sí a otras artes arrabaleras, como la historieta y la ciencia ficción.

Hay un secreto profundo en el teleteatro, y voy a hacer el intento de desentrañarlo. Soy consciente de que es aventurada la teoría que propongo, en primer lugar porque acá no es posible demostrar nada. Todo esto es un juego de conjeturas. Conjeturas personales, subjetivas, incluso arbitrarias. En segundo lugar porque si mi teoría fuera cierta, estaría demostrando que los deseos de las mujeres conforman un universo intrincado y secreto que Freud no pudo desentrañar, pero Nené Cascallar sí.

3

La mujer
quiere protagonismo

Salvo excepciones, como algunas obras de Alberto Migré, los teleteatros giran en torno de una epopeya femenina. Es bastante clásico incluso que las novelas lleven el nombre de la heroína en el título: *Rosa de Lejos,* y antes *Simplemente María*; *María de nadie, Topacio, Manuela, Cristal, Verónica* (o *El rostro del amor*), *Némesis* (o *Venganza de mujer*). *Celeste, Andrea Celeste, Celeste siempre Celeste, Antonella* y *Perla negra.*

Entre los medios trascendió el rumor de que la actriz Luisa Kuliok, estrella de *Cosecharás tu siembra* y *Más allá del horizonte* entre otras novelas de éxito, exigió que su nombre —el de su personaje, Alma— estuviera incluido en el título de su siguiente trabajo. Se proponía "Alma de Tango", y el productor Oscar Romay, concluye el rumor, redondeó (y aminoró) en la frase *Con Alma de Tango.*

Este rumor divulgó una problemática que de otro modo pasaría inadvertida para el público, a quien francamente le da lo mismo que un teleteatro se llame *Manuela* o *Dos a quererse.* Pero los actores suelen ser personas muy peculiares y parece que a ellos no les da lo mismo.

La pieza máxima de Alberto Migré, enrolada entre las excepciones por tener un protagonista varón, también lleva el nombre de su héroe, *Rolando Rivas, taxista.* Está Leandro Leiva, un soñador (a Migré le gustan las iniciales repetidas), y también *El Rafa*, de Abel Santa Cruz.

Más allá de la cuestión anecdótica del título, el tema acá es el protagonismo de la mujer. Hoy no parece tan llamativa esta situación. A partir de los años setenta la televisión y el cine han encarado el tema de la mujer desde todos los ángulos y con todas las temáticas. Esto coincidió con la aparición del movimiento feminista, aunque no necesariamente estaba relacionado con él. Por lo menos no ideológicamente. La mujer entró en el mercado productivo y también conformó un mercado consumidor. Se puso de moda: ofrecía una buena posibilidad de reciclar las viejas historias clásicas metidas ahora en otra piel, cambiadas de género. Vimos así historias de mujeres delincuentes, borrachas, jugadoras, suicidas. Vimos mujeres detectives, mujeres policías, mujeres araña, mujeres pantera, gatúbelas y barbarellas. Adaptaciones, versiones libres, homenajes y plagios. Mujeres hasta en la sopa.

Pero no es lo mismo. No todas las historias que tienen a una mujer como protagonista cumplen con el cometido de un teleteatro, ni ocupan su lugar ni producen el mismo efecto.

Veamos cuál es el cometido de un teleteatro. No es sólo contar una historia. Es contar LA historia. La historia que toque el corazón de una mujer desde un ángulo secreto. Que convoque sus deseos más profundos, los que nunca ha sabido expresar. Los que ni siquiera está segura de sentir.

El protagonismo es uno de estos deseos. Y el protagonismo de una heroína de teleteatro no es el mismo que el de una jugadora compulsiva o una asesina en serie. Esta forma de protagonismo consiste en ocupar el centro de la acción y el pensamiento de todos los que la rodean. Todo gira en torno de la heroína. Todos piensan en Ella, todos hablan de Ella.

Pongamos un ejemplo. Digamos que Ella es la humilde muchacha que el destino colocó como mucama en la casa de una familia rica; una mala pasada que el mismo destino se va a ocupar de reparar, a su debido tiempo. Supongamos ahora que Ella tiene un enfrentamiento con la niña rica y malcriada de la casa, y presa de los nervios rompe un jarrón de porcelana muy valioso. La niña rica sale corriendo y va a discutir el episodio con su madre (que seguramente es la Malvada). La cocinera que protege a nuestra heroína lo va a comentar con la mucama, mientras ésta recoge los pedazos del jarrón y aquélla llora en su cuarto. La niña rica lo va a comentar también con su novio, porque ve en este incidente una posibilidad de que la familia se libre de Ella. El novio se va a interesar en el cuento porque Ella le gusta. Va a apostarse en un pasillo hasta que Ella aparezca, y tratará de hablarle del jarrón roto. La cocinera también lo va a comentar con el chofer, que es su amigo y protege a la chica. La Señora lo va a comentar con el marido, en un intento serio de mandar a la chica a la cárcel, o al menos sacarla de la casa. Pero el marido está prendado de la niña y resta importancia al asunto. Sin embargo, comenta el incidente con su socio, porque la escena de su mujer lo hizo llegar tarde a una entrevista. El socio, a su vez lo comenta con su hijo. Y el hijo del socio no es otro que Él. Él. Él, que cuando se entera del jarrón roto, cree percibir en ello una señal. Él lo comenta con su amigo y se pregunta si no es momento de volver a verla, insistir con su amor, etcétera. Durante una semana por lo menos, alrededor de cuarenta actores y actrices que conforman el elenco estable de un teleteatro normal van a estar discutiendo el incidente del jarrón roto en la ecuación matemática que calcule todas las combinaciones posibles tomadas de dos en dos, o de tres en tres. En un plano, esto sirve para darle trabajo y letra a todos los actores con relativa frecuencia, a quienes pocas cosas como un teleteatro les ha dado una manera tan digna y estable de ganarse la vida con la actuación.

Pero si nos atenemos a la naturaleza del género, lo que hace esta fórmula es poner a la mujer en el centro mismo de la historia, apuntalar el interés de todos los que la rodean, los que la quieren, los que la detestan, los que la protegen y los que la quieren ver muerta. Porque, admitámoslo. Cualquier mujer de la vida real rompe un jarrón y francamente a quién le importa. Sólo al dueño del jarrón, si éste tuviera algún valor, y si el jarrón estuviera asegurado, ni siquiera eso.

Vamos un paso más atrás. Cuántas mujeres pueden darse el lujo de tener a su alrededor quien la quiera, quien la deteste, quien la proteja y quien la quiera ver muerta. Por cierto, cuántas mujeres pueden darse el lujo de tener enemigos.

Porque para tener enemigos hay que ser Alguien.

El teleteatro, entonces, propone un tipo de historia en la que reina de manera indiscutida la mujer. Todo el mundo está pendiente de Ella, para acecharla y hostigarla, para alimentarla y protegerla, o para cortejarla y desposarla.

Este protagonismo que podríamos llamar profundo, el de estar no sólo en el centro de la acción sino en lo más hondo del pensamiento y el sentimiento de cuarenta personas al mismo tiempo, es uno de los deseos inconfesables, en realidad ignotos que tiene la mujer en un mundo real formulado para ignorarla sin disimulo

Salvo en las revistas femeninas y los programas hogareños de televisión, los medios ignoran a la mujer con enorme desparpajo. Locutores y comunicadores se dirigen claramente a un público masculino; hablan frente al micrófono de fútbol y de mujeres como si en la audiencia no hubiera ninguna mujer. Por eso, tal vez, causó tanto impacto el invento del comentarista deportivo Horacio Aiello cuando al narrar un partido de fútbol indicaba: "A la derecha de su televisor, señora". Aunque fuera con el tono paternalista de quien "explica" algo a quien no entiende, ésta se convirtió en una frase inolvidable de la televisión argentina, y podría ser por la absoluta novedad de reconocer la presencia de mujeres en la conformación de la audiencia.

Por lo demás, quienes hablan frente a un micrófono suelen actuar como si la posibilidad de que hubiera mujeres en la audiencia los tuviera sin cuidado. No les interesa. Las mujeres les interesan sólo si son muy jóvenes y atractivas, si son extremadamente ricas, o si cometen errores.

Así las cosas, la mujer fue aprendiendo a volverse transparente, invisible, ingrávida, inexistente. Pero en secreto, en la intimidad y casi sin darse cuenta, disfruta tarde a tarde de la compañía de una mujer que le importa a todo el mundo. Una mujer a la que por ahora todos maltratan y desprecian. Pero ya van a ver.

4

La mujer quiere virtud

La inmensa mayoría de los teleteatros cuentan la historia de una muchacha muy pobre, a veces analfabeta, y si es posible ciega. Esta muchacha, despojada de su familia verdadera, sin amigos ni dinero, se va a ver enfrentada a desafíos colosales. El más frecuente consiste en sobrevivir en la gran ciudad, generalmente en una casa rodeada de gente poderosa que le es hostil.

El único capital que tiene nuestra heroína es su inocencia, su candor, su insobornable virtud.

La inocencia no parece ser el arma más adecuada para sobrevivir en un ambiente hostil, y en efecto no lo es. Por eso a la heroína le va tan mal en la primera mitad de la novela. La engañan, le roban, la violan, la difaman, la meten en la cárcel, la despojan, le mienten, la hunden, por fin la entierran y bailan un malambo encima de su tumba.

Pero no pueden con ella.

El espectador externo, público casual que sigue una novela durante un trecho, se resiste a creer el cúmulo de catástrofes y tragedias que acechan la vida de la protagonista, esa combinación satánica de acontecimientos capaz de hundir a una criatura de mirada húmeda que no le hizo daño a nadie.

¿Que no le hizo daño a nadie? Ahí está el error.

La heroína del teleteatro, que parece una criatura inofensiva, es en realidad una fuente potencial de problemas gravísimos para todo el mundo. Y la herramienta que tiene para cometer sus descalabros es precisamente su inocencia.

Ella anda por los diferentes decorados de la historia con

la gracia de la presa en el drama de la cacería. Es una gacela, una liebre, un cervatillo; es la niña que pisa leve, mira profundo y ríe por nada. Es muy peligrosa.

Es peligrosa porque su inocencia le hace decir lo que todos por astucia aprendieron a callar. También es peligrosa por su belleza, su juventud, su candor: ningún hombre permanece indiferente ante esa combinación.

Y finalmente es peligrosa por su virtud.

Su virtud es un monumento de granito imposible de penetrar. No hay halago, soborno o amenaza que puedan con ella. Y no hay criatura más peligrosa que un ser insobornable, una conciencia viva, un molesto reflejo de los pecados de los otros. Ella no tiene fisuras.

Ella cuida a los enfermos, perdona a sus enemigos, comprende a los malos, comparte el pan duro de su almuerzo y renuncia a todo ante la menor oportunidad.

Y sin embargo, en el largo derrotero de la historia ella va a sobrevivir, va a quedarse con el hombre que ama, va a encontrar a su madre (que es rica) y va a heredar una inmensa fortuna (que no le importa). Y todo esto lo va a lograr sin apelar a engaños ni traiciones, sin astucias ni artimañas, sin la sombra de un ardid.

Ella todo lo logra montada en el caballo blanco de su virtud y su inocencia. Ella sobrevive y triunfa por su mero candor.

A mí no me miren: éste es el género fantástico en el modo maravilloso. La chica le dice cuatro verdades al viejo gruñón y todopoderoso, y el viejo, en lugar de aplastarla con el pulgar como si fuera una hormiga, la nombra gerente general de todas sus empresas aquí y en el extranjero.

Pero volvamos a lo nuestro, que es el deseo de las mujeres.

La mujer no se siente capaz de sobrevivir en el mundo tal como funciona ahora, con códigos muy específicos para cada una de sus áreas, especialmente la del trabajo productivo.

La mujer, que entra mucho más tarde al territorio del trabajo productivo, desconoce estos códigos, y si los conoce le falta el entrenamiento ancestral de muchas generaciones de manipulación política.

La mujer tiene candor. El candor —como la ingenuidad— es uno de esos atributos que pueden tener signo positivo o negativo según cuándo y cómo se usen. La ingenuidad está más cerca de la estupidez que de cualquier otra cosa. Y es interesante observar cómo, a medida que pasa el tiempo, las heroínas de los teleteatros son cada vez menos "ingenuas", que es más o menos lo mismo que decir que son cada vez menos estúpidas.

También las mujeres son cada vez menos estúpidas para desenvolverse en la vida. De a poco y a los golpes, las mujeres aprenden a sobrevivir en la oficina, en el comité político, en la empresa. Algunas de ellas prosperan. Muy pocas triunfan. Para eso han tenido que aprender códigos nuevos y lenguajes apropiados. La mujer tuvo que aprender duramente que el lugar de trabajo no se maneja con las mismas leyes que la casa. Que el llanto y la seducción son armas explosivas y por lo general se vuelven en su contra. Que la impuntualidad se paga con dinero y desprestigio. Que la falta de reflejos políticos la pueden llevar al lugar de la que sirve el café en las reuniones de trabajo con sus pares.

La mujer en el territorio productivo tuvo que redefinir "lo femenino" en los términos que no la perjudicaran en su trabajo. Tuvo que "reeducarse" y aprender nuevos códigos para relacionarse con los hombres en un plano profesional. Tuvo que trabajar mucho, y sigue trabajando, En muchos casos, la mujer está satisfecha. No digo feliz, digo satisfecha. Sigue trabajando.

Ahora, si nos atreviéramos a preguntar qué le gustaría a la mujer, si nos permitiéramos jugar con respuestas insensatas, sin someterlas a la censura natural de la supervivencia, el prestigio, el buen nombre y honor y la simple prudencia, es posible que en el fondo del alma lo que la mujer desea es conservar sus atributos femeninos. Mejor dicho, que sus atributos femeninos conserven el signo positivo, que sigan siendo virtudes, como lo eran en el pasado, en el dominio doméstico. Lo que hacen las heroínas de teleteatro, si bien se observa, es triunfar en el mundo masculino con las artes del mundo doméstico. Por ejemplo, para que te nombren gerente general de un holding multinacional todo lo que tienes que hacer es enfrentarte al presidente y regañarlo como a tu hijo.

Sin embargo, si tratamos de localizar dónde radica el deseo de la mujer, por lo menos de conjeturar algún paradero, creo que sería algo superficial ponerlo en el deseo de éxito.

El deseo de éxito, de esta clase de éxito —la presidencia de un holding multinacional de empresas, por ejemplo— es un deseo masculino. El deseo de la mujer no es nada tan claro y delineable como esto. En todo caso, si la mujer tiene un deseo así es por reflejo, o como trampolín para otra cosa.

Lo que conmueve a la mujer, lo que la identifica con la heroína a lo largo de toda la historia, desde sus épocas de humillada y ofendida hasta el momento en que se sienta en el sillón de la presidencia, o cuando se viste de novia ya cerca del final, la clave de esta comunión, decía, es la virtud de la heroína, que nunca, nunca, nunca, no importa lo que pasara, nunca trastabilló.

En el éxito de su empresa —socioeconómica o conyugal— lo importante es el afianzamiento de todas las virtudes morales que la llevaron hasta allá. Ella nunca flaqueó, nunca traicionó sus ideales, nunca se dejó abatir por un destino adverso.

Si el hombre que ella amaba se casó frente a sus narices con la hija de un terrateniente, no por eso ella se iba a casar a su vez con alguno de sus galanes, a pesar de haber tenido cantidades, todos ricos, apuestos y disponibles, todos enamorados de ella, como debe ser. Pero a ella sólo el amor la va a llevar al altar —y al lecho—. Nunca va a actuar por reflejo, por despecho, por inercia.

Eso es Virtud, y eso es lo que la mujer querría tener. Una virtud insobornable, inconmovible, indestructible.

Por algún motivo, en la repartición de bienes del mundo

moderno la virtud ha quedado en el territorio de la mujer. En el discurso político de muchas mujeres, incluso, se ha afirmado con frecuencia que las mujeres en el poder constituyen (constituirían) una garantía contra la corrupción. Se supone que las mujeres son más virtuosas que los hombres. Esto es un mito, por supuesto.

Podría decirse en forma harto relativa que las mujeres son más virtuosas que los hombres en el terreno *de los hombres,* porque desconocen los códigos y tienen menos experiencia. Y eventualmente porque tienen otros intereses.

Existen incluso aventuradas teorías que se remontan a los orígenes de la civilización, una época que tanto nos gusta recordar a todos, cuando los hombres salían a cazar y las mujeres nos quedábamos a cuidar a los niños y cultivar la tierra. Para cazar, ya se sabe, es preciso desarrollar un arte muy exigente, recorrer el terreno y observar, poner trampas, esperar y atacar.

A primera vista parecería que dedicarse a la agricultura y a los niños es una tarea más pacífica, más volcada al desarrollo de las virtudes morales. Al menos ésa es la mitología que se despliega en las discusiones de café, cada vez que se discute el encontronazo ancestral entre hombres y mujeres.

(Con respecto a este encontronazo, Barbra Streisand tiene una opinión interesante. En un reportaje de la revista *Vanity Fair* (Noviembre de 1994) dice: "Muchas veces me pregunto por qué los hombres les tienen tanto miedo a las mujeres. Creo que viene de la época de las cavernas. Acá está el hombre; no sabe que tuvo algo que ver en la fabricación de ese bebé. Todo lo que él ve es: la mujer abre las piernas y ¡hop! sale vida humana. Bueno... ¡tiene que ser Dios! El hombre debió quedar azorado. Seguramente tuvo miedo: si ella podía dar vida, también podía quitarla. Para mí que todo comenzó ahí. ")

Lo cierto es que las estadísticas policiales o el voluntarismo femenino han instalado la idea de que la mujer es dueña de virtudes morales más sólidas que los hombres. Ésta se me ocurre que es una afirmación tan estrafalaria como sostener que el hombre es más capaz o más inteligente. Tonterías. Más me inclino a creer que las mujeres cometen menos delitos porque tienen menos acceso a un pensamiento criminal, a las armas, la información o las oportunidades. Para igualar al hombre, tanto para delinquir como para manejar aviones, sólo van a necesitar un poco más de tiempo.

Una prueba de esto es la mayor participación de la mujer en los delitos vinculados con la droga. La droga es una forma relativamente moderna de actividad ilegal, a la que hombres y mujeres han tenido acceso más o menos al mismo tiempo. Y como en cualquier otra cosa, si la mujer tiene oportunidades, no se queda atrás.

Mujeres y virtud. Por alguna razón secreta, la mujer encuentra una suerte de consuelo en la conducta inmaculada de una heroína de teleteatro. En la forma que tiene Ella de resistir a las tentaciones. Cómo tiene claros sus propósitos y no se deja confundir, disuadir ni sobornar. La mujer se identifica con una conducta como ésa, pero no tanto porque se trate de su propia conducta sino porque ésa es la conducta que a ella le gustaría tener.

A la mujer le gustaría creer que todos sus problemas se los debe al hecho de poseer una moral granítica, que no la deja mentir ni robar, y tampoco le permite prosperar en la vida. La filosofía popular relaciona sin eufemismos la prosperidad y el éxito con el pequeño o gran delito, la estafa y la piratería. Así lo afirman los versos de cínicos célebres como Enrique Santos Discépolo, entre otros, cuyas canciones tienen el efecto indiscutido de himnos paganos.

La heroína del teleteatro tiene una moral granítica y sin fisuras. Así es como cae en los abismos más negros del infortunio. Y cuando parece que ya nada peor puede pasarle, pues algo peor le pasa porque la cosecha de desgracias nunca se acaba. ¿Y todo por qué? Porque es buena, decente y no sabe mentir. Porque se aprovechan de Ella, que es una gacela, un animalito de Dios echado a las fieras.

¿Nunca te has sentido así, amiga mía? Toda mujer se ha

sentido así, en algún momento, en algún lugar. Y es un bello consuelo pensar que nuestras desventuras provienen de una estructura moral inconmovible.

Lo cierto es que nosotras, las mujeres a quienes no nos queda más remedio que ser reales porque no nos tocó el destino ideal de ser el fruto de una ficción ajena —la obsesión preferida de Borges— nosotras, decía, no siempre nos podemos dar el lujo de actuar como estas magníficas vestales. No siempre podemos perdonar a nuestra peor enemiga, la Malvada. No siempre podemos resistir la adversidad durante, digamos, diecisiete años seguidos. Ya no te quedan fuerzas para pegarle una bofetada al bribón de tu jefe y quedar en la calle, una y otra vez. O para renunciar mansamente al amor de tu vida sólo porque esa pobre chica, que toda tu vida te perjudicó, te humilló o en el mejor de los casos te ignoró, ahora resulta que tiene cáncer o alguna enfermedad innombrable y terminal, y en su lecho de muerte lo único que quiere es casarse con Él. (Demás está decir que si Ella entrega al hombre —porque nadie se atreve contra un lecho de muerte— lo más probable es que la pobre chica, de pura felicidad, sane milagrosamente. Ella va a tener que esperar otros veinticinco años para tener su amor.)

La mujer de la vida real tiene un profundo respeto por la moral de acero y en algún punto siente que le toca, que genética y culturalmente le corresponde legislar en ese terreno: por parir, por educar, por alimentar, por contener a su familia, ella tiene en sus manos ese don, esa tarea, esa responsabilidad.

Y Dios sabe que ella querría ser impecable en eso. Y lo es en la medida de sus posibilidades. Al menos es consciente, todo el tiempo, de esta problemática. Vive con el "debería ser" en la boca. Pero muchas veces tienen que conformarse con lo que "es". Muchas veces tiene que negociar y transigir. Ahora que está en el mundo, en la calle, en el trabajo productivo, tiene que negociar y transigir. Y ahora que negocia y transige con el mundo, también tiene que perdonar sus propias debilidades y convivir consigo misma.

Consigo misma: no es una Vestal, una Diosa de la Venganza, una Amazona, una Pantera. Es una persona que hace lo que puede, lo mejor que puede, como todos los demás.

Por eso es tan tentador, en un lugar secreto, seguir día a día las desventuras de una heroína. Esto es más que un bello consuelo. Es un placer sensual. Cuanto más bajo caiga Ella, cuantas más desgracias e injusticias tenga que soportar, más alto será el vuelo que remonte cuando el Destino comience por fin a reparar. Más grande será la fortuna que herede, más la amará ese tarambana que por el momento sigue distraído, y más fatídico será el castigo que le espera a la Malvada.

El castigo que a la Malvada le depara el Destino. Porque lo que es Ella, la heroína, Ella ya la ha perdonado.

5
La mujer quiere
amor maternal

Lo que se narra en un teleteatro es siempre la historia de un amor contrariado que a lo largo de cientos de capítulos tendrá que enfrentar toda clase de dificultades. Desde la disminución física —preferentemente a través de la ceguera o la cuadriplejia hasta el estúpido malentendido, todo sirve si logra separar a los que se aman por otros catorce años.

Los protagonistas de esta epopeya por lo general son los amantes, separados por razones de clase social u odios familiares. Pero no siempre son los amantes. Toda una vertiente argumental del teleteatro pone esta larga cadena de contratiempos y dilaciones en la reunión de la madre con su hijo (o hija) perdido al nacer. Perdido, regalado, vendido, robado, o confundido con otro. En todo teleteatro que se precie vamos a tener a una heroína buscando a su hijo (notablemente, *El derecho de nacer y Los Ricos también lloran,* ambas con Verónica Castro), o una heroína buscando a su madre (como *Cristal, Madres egoístas* y *Cadenas de amargura).*

En estas historias que acabo de mencionar, el eje central de la novela se ocupa del amor entre la madre y su hija o hijo, y las aventuras del amor cortés se desarrollan en un plano complementario.

En *Los ricos también lloran* Verónica Castro ha llegado a ser rica (porque al fin se casó con Él, que era rico) y ahora tiene todo lo que quiere en la vida: vive en una casa espléndida y tiene un marido apuesto al que ama. Pero nada de esto puede disfrutar porque le falta su hijo, que entregó veintidós años atrás, cuando era tan pobre que no lo podía mantener.

Este esquema es perfectamente clásico, y con algunas variantes lo vamos a encontrar en innumerables novelas. En algunos casos no va a ser la pobreza sino la convención social lo que separe a la madre de su criatura, como en *Cadenas de amargura* o *El derecho de nacer*. O la cárcel, como en *Dancin' Days*

Dentro de este tipo de teleteatro, entonces, la cabalgata sentimental se va a concentrar en el desgarramiento propio del amor filial y el amor maternal, que es durísimo y es eterno.

La clase de amor que muestra una madre en un teleteatro es de una calidad tan compacta y granítica como vimos más arriba que es su capacidad moral.

Las madres verdaderas, que tienen la inmensa fortuna de tener a sus hijos al lado, que no los han dejado en la puerta de un convento dentro de una canasta de mimbre con una cartita de socorro, no pueden darse ese lujo. El amor maternal de la vida real es sólido y eterno como cualquiera, pero se ve mancillado día a día por la pequeña anécdota cotidiana, la impaciencia, el chirlo, la incontinencia.

Nadie muestra esto mejor que Roseanne, el personaje creado por Roseanne Barr (ex Arnold, ex Barr), quien dramatiza a una ama de casa diferente de las que suelen decorar con dulces sonrisas las comedias de la televisión. Roseanne es diferente antes que nada por su aspecto físico: es francamente gorda y no por eso se priva de una vida sensual de muchos matices. Pero el elemento característico de su comedia radica en el tono diferente del entorno doméstico. No es dulce ni condescendiente. Tiene un humor ácido y por momentos cruel. Se impacienta con sus hijos y no oculta a veces su instinto criminal. Roseanne es una mujer de la clase trabajadora, lleva su casa y además trabaja (según las épocas, en la confitería de un shopping, una peluqueria, una fábrica de plásticos; ha hecho ventas telefónicas también). Cuando llega a su casa está cansada y malhumorada como suelen estar las mujeres de verdad y no las amas de casa típicas de comedia, que se visten con falda y camisa y tienen una sonrisa tatuada en la cara.

Roseanne está entre los primeros diez programas de más éxito desde hace nueve años. La escritora estadounidense Barbara Ehrenreich observó que Roseanne Barr ayudó a que el feminismo echara raíces en la familia, "le dio una cara reconocible al feminismo de la clase trabajadora". Para los medios, la feminista típica es un personaje como el de la periodista Murphy Brown, una mujer sola con una profesión glamorosa, que gana mucho dinero y está perfectamente organizada. Pero es mucho más grande la cantidad de mujeres que responden al tipo de Roseanne, y su imagen de esposa independiente resulta mucho más transgresora.

Roseanne es transgresora en muchos sentidos. Por un lado se la pasa protestando en el empleo. Pero en lugar de hacer los típicos reclamos feministas —guarderías para los niños, equidad en los sueldos, etc. — hace su batalla en torno de los hechos mínimos y cotidianos de la marginación y el maltrato. Hechos mínimos, como por ejemplo que falten toallas de papel en el baño de mujeres.

En su casa desarrolla el humor típico de la supervivencia, sin concesiones, sin edulcorantes. Ama a sus hijos pero éstos la exasperan. Ella tenía un chiste famoso, mucho antes de hacer esta comedia, cuando hacía humor en los bares, de pie frente a un micrófono. Su espectáculo se llamaba algo así como "La Diosa del Hogar" *(The Housewife Goddess),* y ella decía: "Si cuando mi marido llega a casa los chicos aún están con vida, puedo decir que cumplí con mi deber de ama de casa".

Ése es el clima. Cínico, cáustico, movilizador, No se obtiene ese éxito durante tantos años por un equívoco artístico o un truco promocional. El crítico de televisión de *The Washington Post* Tom Shales (ganador del premio Pulitzer), admirador profundo del programa y por momentos algo azorado, escribió una vez "¿Qué clase de Medea va a ser la próxima gran mamá de la televisión?"

Dijo Medea, nada menos. Ni Antígona ni Yocasta. Dijo Medea, una dama que se molestó tanto con la traición de su hombre que mató a sus hijos. Sus de él y sus de ella. La misma Roseanne Barr señaló que el suyo es el único programa donde se habla de los hijos, donde los hijos no son figuras más o menos retóricas que están ahí solamente para permitir una réplica graciosa de los adultos. En Roseanne se tratan, con el humor más amargo, los problemas de una familia, y buena parte de los problemas de una familia son los hijos.

Así como gasta el humor más ácido ("Darlene ¿qué te dije de matar a tu hermano en la sala?") también se atreve a la poesía modesta y sólida de un ama de casa común, cuando la misma Darlene tiene su primera menstruación. La niña está molesta porque cree que ya no va a poder practicar deportes y el resto de su vida tendrá que afeitarse las piernas y pintarse las pestañas como su hermana mayor. "Deberías estar orgullosa, Darlene" le dice Roseanne, "ahora formas parte del ciclo de las cosas. La luna, los ríos, esas cosas. Es casi mágico. "

Las madres del teleteatro están en las antípodas de este tratamiento del amor maternal. Las madres del teleteatro por lo pronto carecen por completo de humor (como todo lo demás: ya dije que la falta de humor es el punto ciego de este género). Y los hijos brillan literalmente por su ausencia porque se perdieron al nacer, se regalaron, se vendieron o se robaron. Por lo tanto, como toda la historia va a girar en torno de su búsqueda y rescate, el amor maternal se va a desmoronar sobre la historia como una lluvia volcánica, un río de lava, un océano desbocado, sin los contratiempos cotidianos de los niños reales que pueden llegar a volverte loca una tarde sí y otra también.

En la vida real es común que las mujeres tengan que contenerse a cada rato para que sus maridos, al llegar a casa, encuentren a sus hijos con vida —diría Roseanne. Parte del hechizo mágico y maravilloso del teleteatro, para la espectadora normal, es asistir a ese amor tan pletórico y extremo que tienen las madres por sus hijos. Por los que regalaron al nacer. Si los hubieran conservado es probable que en este mismo momento estarían haciendo un desastre en alguna parte que no aparece en escena.

6
La mujer quiere amor paternal

Una vez planteado el tema del protagonismo indiscutido de la mujer en el teleteatro, cabe preguntarse cuál es el lugar que el género le reserva al hombre.

Por supuesto hay una cantidad de teleteatros que tienen varones en el rol principal. Ya nombré unos cuantos: *Rolando Rivas, taxista,* de Alberto Migré, con Claudio García Satur; *El Rafa,* con Carlos Andrés Calvo; *Corazón salva*je, con Eduardo Palomo, y *Leandro Leiva, un soñador*, con Miguel Angel Solá, también de Migré.

Pongamos a un lado las novelas protagonizadas por Arnaldo André, como *El infiel* y *Amo y señor*, porque sus personajes cultivaban un estilo peculiar, que podríamos definir como el misógino irresistible. Era, como su nombre oportunamente lo indicó, infiel, duro, burlón y famoso pegador de bofetadas.

Pero éstos son casos especiales, que responden al particular posicionamiento de un galán en el mercado. En los otros teleteatros, los que mencioné más arriba, como *Rolando Rivas o El Rafa,* el rol del varón es bastante claro. Es el héroe. Un hombre de gran corazón, que va por la vida en busca de su amor, su identidad o su destino.

La pregunta es qué pasa con los hombres cuando la protagonista es mujer.

Aquí las cosas no están tan claras. El papel del hombre está ligeramente desdibujado, no es tan nítido como el personaje femenino. Por lo general son (también) hombres de buen corazón, pero algo confundidos y un poquitín tarambanas —porque todavía no la encontraron a Ella. Con mucha frecuencia "Él", el personaje masculino, es rico y mujeriego, pero sobre todas las cosas del mundo, es un ser manejable. Es ciertamente curioso el modo en que se deja manejar por las "otras" mujeres. En primer lugar su madre —que no pocas veces es La Malvada—, o la que es su novia cuando Él la conoce a Ella, o la que se enferma de cáncer terminal justo cuando Él va a casarse con Ella, o cualquier bataclana que atina a estar en el bar donde Él va a emborracharse cuando Ella, una vez más, le dice que No.

Esto va a pasar una y otra vez. Él parece tener un problema con la toma de decisiones. Cuando después de muchos años Él finalmente se resuelve, va a enfrentarse a su familia, trabajar por su cuenta, en fin, hacer todo lo que sea necesario para vivir el que sin dudas es el gran amor de su vida, sólo basta que se presente alguien, cualquiera, generalmente otra mujer, y le diga "No, Jorge Alberto, no lo hagas" ¿y qué creen? Él no lo hace.

Por supuesto, es necesario que todos los obstáculos funcionen para fortificar el entretejido de la historia. Estos obstáculos tienen que cumplir con su cometido de separar a los amantes porque si no el teleteatro terminaría en dos semanas. Lo interesante es que la forma natural que encuentra la novela para establecer obstáculos suele radicar en la docilidad de Él ante la manipulación ajena. ¡Él es tan fácil de manejar! A veces da un poco de ternura, el resto del tiempo lo queremos matar. Él cree ciegamente cualquier patraña que se diga sobre Ella, por insensata que sea. Ante el pretexto más leve se casa con otra o se va a vivir a Australia. Permite que Ella siga trabajando como mucama en su casa, como en el caso de *Celeste*, con Andrea del Boca y Gustavo Bermúdez. O deja que todos los demás decidan por él, como le pasa a Gerardo Romano en *Con Alma de Tango*.

Al parecer, en estas novelas y en tantas otras, Él es incapaz de tomar una decisión por su cuenta. Él, podríamos decir, no es nadie hasta que Ella llega a su vida. Si es cierto que el teleteatro no hace otra cosa más que responder a los deseos profundos y más o menos ocultos de las mujeres, la figura masculina del teleteatro tradicional es una de las grandes pruebas que confirmarían esta teoría.

Las heroínas de los teleteatros consiguen lo que nadie pudo ni podrá: transformar a sus hombres. Logran que dejen de beber, de jugar al póker, de salir con atorrantas, de apostar a los caballos. Logran derrotar al pusilánime y esculpir un hombre probo a cincel. Lo que obtienen es el marido ideal, el que se queda en casa, atento a los deseos de Ella. Ellas toman un ser más o menos diluido entre el vicio y el desorden, la triste marioneta de una familia autoritaria, poco menos que una porquería, y lo convierten en un tipazo, un sujeto sólido y lleno de talentos ocultos, seguro de sí mismo y con un propósito en la vida.

¿No es éste un bello deseo, oculto bajo la manta de la experiencia de vida y el sentido común?

Allí está, al alcance todos, en cualquier novela de la tarde, el hombre que volvió del fracaso, el que encontró su Destino por el camino del amor a una Mujer.

Entre los atributos que comienzan a florecer por debajo de esa carne hasta ayer corrompida por la desidia y el desenfreno, el más notable de estos atributos, tal vez, es el inconmensurable amor paternal del que era capaz para sorpresa de todos.

Notablemente, en los teleteatros todos los hombres desean tener hijos. Pero lo desean con fervor, y es muy interesante observar sus reacciones cuando una mujer queda embarazada en una novela.

Si quien quedó embarazada es la Heroína, el padre va a negar responsabilidad en el primer lugar, y luego pasará los restantes treinta años de su vida suplicando perdón, permiso para educar, alimentar, mantener, entregar una formidable herencia, al menos conocer la identidad o ver de lejos al pequeño bribón. (Que ya es médico, por ejemplo.)

El hombre no va a poder dormir de noche porque no conoce a su hijo, porque no lo tiene cerca, porque no puede llevarlo al colegio, ni al dentista, ni darle su biberón cada cuatro horas, ni jugar con él a la pelota en la vereda.

No sé qué decirte.

Si la que quedó embarazada es Otra, una novia anterior, o quien sea, cualquiera menos la Heroína que jamás haría una cosa así, es posible que la chica considere la idea de interrumpir el embarazo. ¡Ah! No quieran saber el grado de indignación de Él, la magnitud de su sufrimiento, el nivel de escándalo, desgarramiento y horror.

— "¡No puedes hacerle eso a MI hijo!" —claman *los hombres,* sumergidos en un éxtasis de dolor. (Por ejemplo Ricardo Darín en *Buenos Aires, háblame de amor,* cuando una chica con la que salió unas veces le plantea una situación así.)

Una mujer que no puede tener hijos, factor ficcional de gran utilidad para el entramado de un teleteatro, es prácticamente una lisiada dentro de este género. Las heroínas de las novelas han sido ciegas y mudas, han padecido artritis, parálisis pasajeras y quemaduras en el rostro (las heroínas no tienen cara; tienen rostro). Han sufrido toda clase de enfermedades y contratiempos pero ninguna de ellas, jamás, ha sido estéril.

Ser estéril en un teleteatro es poco menos que ser una inválida, y esas catástrofes se dejan para los roles secundarios.

Esto se entiende perfectamente dentro de la cuestión de la mujer. Pero es elocuente en extremo su traslación mecánica a la problemática del varón.

Porque no se puede decir que el varón, en la vida real, se muera por tener hijos. Al menos de entrada. Cuando la chica con la que salen queda embarazada, suelen mirar para otro lado. La primera intención, por lo general, es la de interrumpir el embarazo. Es posible y hasta frecuente que luego se case con ella y seguramente con el tiempo amará locamente a su hijo. Pero la primera intención, la voz de la víscera, la orden atávica es escapar, huir, negar, cómo sé que es mío, yo no tengo nada que ver. En matrimonios constituidos también es común la resistencia del hombre: no es el momento, vos estás loca, es otra boca que alimentar.

Y en matrimonios jóvenes no es infrecuente que la aparición del primer hijo marque la desaparición del marido, como si la presencia de un niño fuera superior a sus fuerzas. Hay hombres —muchos— que sencillamente no toleran la idea de tener un hijo y se van.

Pero nada de esto sucede en las novelas, qué va. Ahí —y sólo ahí— la cuestión de los hijos es perentoria y definitiva para el varón. Sólo en las novelas ellos desean ardientemente tener hijos, tenerlos cerca, darles su apellido, su dinero y su amor. Sólo en las novelas los hombres sufren de un modo abismal si no los tienen. ¿Sarcasmo? ¿Ciencia ficción? ¿Error simple?

No. Esto no es un sarcasmo ni un error. Es deseo puro. Esto es lo que las mujeres *querrían* que les sucediera a los hombres. No sólo que los hombres no escaparan aterrados ante la idea de los hijos, sino que además los desearan. El teleteatro es el mapa secreto de los deseos de la mujer. Y éste es uno de ellos: varones con hambre de paternidad.

7
La mujer quiere templanza

Decíamos que al comienzo del teleteatro, y antes de que Ella llegue a su vida, el hombre suele ser un mujeriego, un vago o un patán. Pero entonces Ella llega a su vida. Y Él se enamora, aunque no se da cuenta hasta mucho tiempo después. Él no se da cuenta porque Ella no cuenta socialmente. Seguro que es muy pobre, analfabeta, huérfana, muda o ciega. Pero el Destino se ocupa de que siempre esté cerca de Él. Es la mucama de su casa, o una vecina traviesa que roba mandarinas de su jardín, o es la "ahijada" de un puestero en un rincón perdido de su campo (en las novelas el campo se llama "estancia" o "hacienda").

Pero Él se enamora. Y Ella, que es inocente hasta la desesperación, resulta fácil arcilla en sus dotes de seductor. Él la envuelve como un encantador de serpientes, la deja embarazada y se aleja silbando bajito. En algunos casos niega responsabilidad alguna en la factura de ese hijo, el famoso "cómo sé que es mío". En otros, ni siquiera se entera de nada hasta que el hijo tiene veinticinco años y es un exitoso profesional.

Lo cierto es que Ella está sola, con un bebé en brazos y no tiene nada para defenderse, no tiene dinero, no tiene trabajo, no tiene amigos poderosos. No tiene nada más que su inmaculada Virtud. Una Virtud, digámoslo, que la maternidad no ha mancillado en absoluto. Al contrario.

Pero por cualquiera de los rumbos que tome el derrotero de la historia, va a suceder algo fantástico: fantástico y maravilloso: Él se va a arrepentir. Primero va a reconocer que está enamorado de Ella, que nunca la pudo olvidar. Y va a volver a buscarla. Arrepentido. Arrepentido de no haberse dado cuenta a tiempo, de no haberle creído que ese hijo era de él, de no haber actuado como un hombre cuando Ella más lo necesitó, en fin, cualesquiera sean las perradas que le hizo en cada historia en particular, Él se va a arrepentir de todo.

Y va a volver a buscarla. Una y otra vez. Una y otra vez Ella va a rechazarlo, a decirle que no, Que ya es tarde. Que su corazón está clausurado, Que ya sufrió demasiado. Que la deje en paz.

Esto pasa por ejemplo en *Vale todo,* entre Solange y Alfonso. Él la dejó para casarse con Fátima, porque cayó en sus redes de diabólica embustera. Luego, cuando se da cuenta de todo, echa a Fátima de una patada y vuelve a Solange. Una y otra vez. Y otra vez. Y otra vez. Y cada vez Solange le dice que no. Que está con Mario Sergio (a quien todos sabemos que no ama), así que no, lo siento mucho. Cada vez Solange le sugiere que se busque una chica, le desea suerte y lo deja ir. Así durante meses hasta el penúltimo capítulo.

La novela paradigmática de esta situación es *Rosa de Lejos*. Roberto, el hombre a quien Rosa amó recién llegada a Buenos Aires, a quien contuvo y mantuvo económicamente mientras él estudiaba y hasta que se recibió de médico, el mismo que después decidió casarse con otra porque se estaba muriendo, volvió a la casa de Rosa durante más de veinte años. Mientras él volvía —antes y después de enviudar— tratando de reconquistar el amor de Rosa, Ella hacía una carrera deslumbrante que empezó con una modesta máquina de coser en un conventillo de La Boca, hasta convertirse en la dueña de una cadena de tiendas de alta costura. Durante esos veinte años, además de hacerse rica, Rosa se transformó en una mujer sofisticada, elegante y culta.

Y todo el tiempo Roberto iba a verla, primero al conventillo, luego a la casa de Barrio Norte y por fin a la mansión de Palermo Chico. Cada vez mantenían diálogos eternos a lo largo de varios bloques, donde Ella decía que no y no. No.

Esta situación es muy característica del teleteatro. El

hombre que se arrepiente y quiere reparar. Los arrepentidos más notables, tal vez, sean los violadores de la novela *Venganza de mujer*. Como ya comenté más arriba, Daniel Miglioranza estaba tan arrepentido que se hizo cura, y Raúl Taibo (Él) quería casarse con Ella; no descansó hasta asegurarse de que Él era el Padre del niño gestado en la múltiple violación. (Aquí tenemos otro desesperado por ser padre.)

El hombre que insiste —el hombre apetecible que insiste— es algo tan alejado de la realidad como un gato con botas. El hombre de la vida real tiene grandes dificultades para realizar el ritual del cortejo en todas sus variantes. Es lógico, todos somos tímidos, pero es al hombre a quien le toca (tradicionalmente al menos) ese rol. No es fácil para él, entonces, acercarse, llamar por teléfono, proponer un encuentro, cualquiera de las aproximaciones más o menos típicas para jugar al juego más viejo del mundo, el que no pasa de moda.

Si la dama dice que no la primera vez, y aunque ofrezca un pretexto razonable para el rechazo, es altamente improbable que el hombre vuelva a intentarlo. Un rechazo una vez es todo lo que el hombre necesita para dirigir su nave a puertos más accesibles, más sencillos. Existe por ahí algún valiente que se atreve a intentarlo por segunda vez. Pero si también se le dice que no la segunda vez, la señora no tendrá más noticias de él. Llamará a otra, saldrá con otra, se casará con otra, tendrá hijos con otra, como si la anterior no hubiera existido, como si sólo se la hubiera imaginado por un ratito. Como si una u otra le diera lo mismo.

¿Un hombre que insiste a lo largo de los años, que viene una y otra vez a que le digan que No, como en los teleteatros? Eso sí que es fantasía.

Si es cierto que el teleteatro dibuja el mapa secreto de los deseos ocultos de las mujeres, podríamos leer algo en esta clave. Dónde hay un hombre que insista. Más de una vez. Más de dos veces.

Así escrito (ay, es difícil la escritura, las palabras se salen de control) parecería que la mujer desea un hombre capaz de insistir como una forma de manipulación. No es así. Lo que la mujer desea, en todo caso, es un hombre al que no todo le dé lo mismo. Uno que esté tan enamorado que no pueda de inmediato dar vuelta la página y dedicarse a otra cosa ante la primera dificultad.

Pero en lo personal, yo ni siquiera creo que sea éste el deseo que se oculta en el tema del arrepentido y el insistidor.

Es posible, sí, que la mujer quiera un hombre verdaderamente enamorado, que insista, que mueva cielo y tierra, que alimente de importancia el lugar que ella ocupa en el mundo, que la haga sentir bella y única. Pero no creo que sea ésta la razón de este esquema típico del teleteatro.

Primero, porque la mayoría de las mujeres, la verdad, tiene a alguien que la ama así. Muchas veces no es el hombre que ella querría que la amara así, es otro. Pero es alguien que insiste, que mueve cielo y tierra o al menos lo intenta, alguien que espera eternamente, que la hace sentir bella y única, y en quien ella piensa para levantarse el ánimo cuando la vida misma le hace dudar de la importancia del lugar que ocupa en el mundo. Toda mujer tiene a alguien que la ama mucho, en alguna parte. Ella lo sabe. Y si no lo sabe, sólo tiene que mirar a su alrededor. Hay alguien. Seguro.

En mi opinión, el deseo que se oculta en este esquema de la repetición y el eterno retorno es otro. Es la templanza, o, dicho de otra manera, la capacidad de la mujer para decir que *No*.

No es una capacidad muy desarrollada. Hay un viejo mito popular que acusa a la mujer de manipular a los hombres con el deseo; la llama "histérica" en el lenguaje del psicoanálisis, y con otro nombre que no repetiré cuando se trata de los muchachos de la esquina.

Esto, como dije, es un mito. Por lo pronto, ya es bastante claro, en los años noventa, que los hombres están mostrando una tendencia tanto o más marcada que las mujeres a manipular al otro (a la otra) con el deseo.

El problema de la mujer es precisamente el opuesto. La mujer tiene dificultades para decir que no. No digo con esto que acepte cualquier propuesta, que sea "fácil" o promiscua.

No. Digo con esto que la mujer tiene dificultades para cortar con situaciones que no le sirven, le hacen daño, o la confinan a un lugar desafortunado o inconveniente.

Supongamos una relación con un hombre que está casado, que una y otra vez promete separarse de su mujer y nunca lo hace. Ella sabe que esa situación le hace daño y corta la relación. Pero él vuelve, lleno de nuevas —o viejas— promesas, un regalito, un juego de palabras dulces y qué creen. Ella no puede decir que No.

Supongamos una relación con un hombre atractivo, fascinante, seductor. . que bebe demasiado. Esto lleva a los golpes, a la decadencia económica, al detrimento moral, al peligro de muerte. Pero cuando está sobrio él es tan atractivo, fascinante y seductor que, otra vez, ella no puede decir que No.

Es más. Tal vez él ni siquiera sea atractivo y seductor. Tal vez sea un sujeto vulgar y aburrido. Pero es su hombre y a ella no se le ocurre que tiene derecho a cambiarlo. No se atreve a cambiarlo como muchas veces no se atreve a cuestionar a su mucama. ¿Y si después no consigue otro? Ella tolera a ese hombre como un destino y se da a sí misma una serie de pretextos. Lo cierto es que, una vez más, no puede decir que No.

Pensemos en los amigos, en los hermanos, en todas las relaciones asimétricas que se mantienen porque una de las partes hace todo el esfuerzo afectivo y la otra parte se deja llamar, se deja hacer, se deja amar. Muchas veces quien está del lado más laborioso de la relación asimétrica se dice "yo no lo llamo más; si quiere saber de mí que me llame él" Es la forma más dura de decir que no, y tampoco prospera. Para una es abstinencia; para el otro es prescindencia. Una deja de llamar y el otro, como diría la vecina de Talita en *Rayuela,* "como si llovería".

Y a propósito de la abstinencia, no solamente en las relaciones personales la mujer tiene dificultades para decir que No. Lo mismo le pasa con los hidratos de carbono, el azúcar y eventualmente con el alcohol y las drogas (incluyendo entre estas últimas el Valium y el Lexotanil).

Sobre la dificultad masiva para decir que No a las cosas que a uno le hacen daño (este último párrafo le cabe a todo el mundo; a mí anótenme con el azúcar) se ha montado una industria química y alimenticia colosal. En los últimos años el mundo farmacéutico florece gracias a las vitaminas y otros estimulantes más o menos legales, que conviven con los barbitúricos y los ansiolíticos. Después de la caída abrupta de los antibióticos —heridos de muerte por la homeopatía y la New Age, la industria farmacéutica llena sus arcas de este modo mientras todos esperan —todos esperamos— la cura para el Sida.

Con respecto a la industria alimenticia, ha prosperado llamativamente la rama que incluye los productos "light" o de "bajas calorías". En nuestro país la rotulación de los envases todavía conserva algún decoro, pero en Estados Unidos es risible. En todo supermercado hay puestos específicos para la pastelería envasada: tortas de todo tipo, brownies, galletitas dulces, pasteles rellenos. Los envases tienen una ventana transparente por donde se ven los productos cubiertos de cremas abundantes y espumosas, tortas adornadas con capas espesas de chocolate, pasteles rellenos de frutas y dulces, productos capaces de despertar la concupiscencia en el espíritu más austero, pero en todos los envases dice, con absoluto descaro ''fat free" (sin grasa) y "cholesterol free" (sin colesterol). ¿Cómo diantres se puede hacer sin colesterol y sin grasa una mousse de chocolate tan espesa y oscura como ésa, con una textura reventada en miles de poros espumosos que uno imagina derretidos en lo más profundo del paladar y subiendo al cerebro por el camino del pecado? ¿Sin manteca? ¿Sin chocolate? ¿Cómo?

Pero la mujer (el hombre también, claro) que no puede decir que No, cree que comer una torta como ésa cubierta de mousse de chocolate y rellena de crema chantilly, es una forma de decir que No, porque el envase dice que no contiene grasa ni colesterol.

La industria alimenticia fabricada sobre esta base se enriquece gracias a la dificultad de la gente para decir que No.

La gente cree que una mermelada de bajas calorías no engorda, que un chocolate dietético no engorda (el chocolate es dietético para los diabéticos), que una mayonesa "light" no engorda. Y se da obscenos atracones con estos productos hasta que la balanza les demuestra la verdad de la vida.

En Estados Unidos basta con mirar alrededor. No existen en ninguna parte gordos como los gordos de Estados Unidos. No se los ve en las películas, no aparecen por televisión. Van por la calle, están en la cola de los bancos, suben con dificultad al ómnibus, miran revistas, hacen compras en el supermercado.

Es difícil decir que No. Es difícil abstenerse de las cosas que a uno le hacen daño, ya sea en la mesa como en la cama. Sobre todo porque uno sabe que le hacen daño. Sabe que es veneno en algunos casos lo que compra para comer. Sabe que ése a quien otra vez aceptó es el enemigo. Pero quién puede decirle que No.

Ella, la heroína del teleteatro. Ella puede decir que No. Y va a decir que no una y otra vez, todas las veces que sea necesario. Es cierto que, desde su casa, una le dice a Solange, por favor, Solange, ya basta, el pibe ya tuvo bastante, es hora de que termines con su miseria (la miseria de un millonario), ya es hora de que lo aceptes. Pero en el fondo, en un fondo profundo casi ininteligible, una admira, una envidia, una desea la capacidad que tiene Solange para decir que No.

He aquí el más simple de los mecanismos de identificación con una heroína. Identificación, admiración y deseo. Ella hace lo que yo debería hacer, lo sé, pero no me sale.

8

La mujer quiere identidad

Sabemos que la clave anecdótica de los teleteatros es la historia de un contratiempo, de un conjunto de obstáculos y desencuentros, todo lo que sirva para impedir la unión de dos personas que se aman. Una vertiente narrativa se dedica a los amores entre hombres y mujeres, otra vertiente de eficiencia idéntica o mayor se dedica a los amores entre padres e hijos. Por lo general, madres e hijos. En el caso de *Pantanal* —que pronto comentaremos— padres e hijos.

Nuestra heroína, ya vimos en varias ocasiones, tuvo la desgracia de perder a su hijo (digamos genéricamente) al nacer, porque se lo robaron, porque no lo podía mantener y lo entregó o porque las Fuerzas Vivas de la Moralidad lo condenaron a muerte (pero una criada lo salvó y lo crió como propio).

Esto sucede invariablemente porque esta criatura es hija de una situación ilegal, anómala, desafortunada. Esta criatura es la hija de una caída.

A partir de ahí comienzan a tejerse las redes de malentendidos, unidas en los bordes por las extraordinarias casualidades. Por ejemplo, viene la muchachita pobre a la gran ciudad a emplearse de mucama, y entre los ocho millones de habitantes de la gran ciudad, se emplea precisamente en la casa del niño rico que la embaucó aquel verano porque estaba aburrido. Las "vueltas de la vida" tienen en los teleteatros un radio mínimo de apertura.

No importa. Como dijimos al principio de este trabajo, en el teleteatro no se opera con lo racional y lo sensato. Acá estamos en el centro mismo de la fantasía y el *deseo*, lo que queremos imaginar.

Lo cierto es que tenemos una madre separada de su hijo/a, y nos enfrentamos a una temporada (o dos) de búsqueda, muchas tardes entre la decepción y la esperanza, comprobando cada vez cuán relativos son los bienes materiales frente a un dolor profundo. Lo cual, vimos también más arriba, es una secreta fuente de regocijo para quienes no poseen demasiados bienes materiales pero conservan a todos sus hijos consigo.

El equívoco en cuanto a las identidades no es sólo frecuente: es necesario. No existe un teleteatro —entre los latinoamericanos que no contenga una paternidad cambiada, un origen oscuro, un protagonista que no sabe quién es. O que no es quien cree ser.

Desde el punto de vista literario es fácil explicar esta ecuación: es gótico puro. Una de las características de este género apunta precisamente al origen oscuro, a lo que Sartre primero y Rosemary Jackson más tarde llaman "lo Otro".

Nada puede ser más "otro" en una sociedad latinoamericana que alguien nacido fuera de una estructura familiar constituida, un bastardo, un expósito, un hijo de la debilidad o el pecado.

La condición de "otro" es la clave del género fantástico y varía según los diferentes modos en que lo fantástico se presenta. En la ciencia ficción, por ejemplo, todo lo que sea "otro" generalmente es el "Mal", lo desconocido, lo que siembra el pánico, el color que cayó del cielo, la nave extraterrestre que paralizó la tierra, el octavo pasajero, la galería inagotable de monstruos que durante años amenazaron al capitán Kirk y al doctor Spock en su *Viaje a las estrellas*.

A través del análisis de "el Mal" en lo fantástico, se puede detectar qué cosas atemorizaron a la sociedad según las épocas. Las piezas más notables del gótico, como por ejemplo *Dr. Jekyll y Mr. Hyde* de Stevenson y *Drácula* de Bram Stoker, surgieron en la época más cerrada de la hipocresía y la represión victorianas. Sus historias se sumergían en un universo de sangre, violencia y horror, que en un plano superficial parecía responder a los temores de esa sociedad, pero en un lugar más profundo y secreto, esos mismos temores se confundían con deseos de oscura voluptuosidad.

Lo "otro" en el género fantástico mostró al "mal" en todas las formas de amenazas que vio o creyó ver la sociedad con el correr de los años. El "mal" fue una computadora desbocada cuando la cibernética comenzó a popularizarse y a entrar en la vida cotidiana de la gente. Y más tarde, cuando las transformaciones económicas alentaron las grandes migraciones entre los países, el "rnal" en la película El *depredador* fue un ser de poderes sobrenaturales pero con el aspecto de un inmigrante jamaiquino.

En la década del ochenta, Steven Spielberg inició una nueva era en la ciencia ficción con su personaje ET. Porque ET era lo "otro", pero por primera vez lo "otro" estaba lejos de ser "el mal". Esta transformación generó una cantidad de observaciones diferentes sobre el género en cuanto a la relación del hombre con lo trascendente, observaciones que con su proverbial agudeza analizó Stephen King en su libro *Danza macabra*.

Volvamos a lo nuestro, que es el teleteatro. En este género, en esta forma particular de lo fantástico que es el teleteatro, se da el caso curiosísimo de que "lo otro" es precisamente la Heroína. Ella es la diferente, la que viene de afuera, la que ignora los códigos, la iletrada, la magnífica bruta que viene a patear el tablero de las mentiras y las hipocresías sobre las que se viene sosteniendo la familia oficial. La familia es el *establishment, la* organización formal que goza de buen nombre y honor; tienen dinero, tienen poder, tienen todo lo que quieren ... y sin embargo le temen a *Ella*.

Se reúnen entre ellos, se confabulan para neutralizarla, para meterla en la cárcel, para encerrarla en un manicomio, para suprimirla de la faz de la tierra si fuera posible. ¿Por qué?

Porque Ella es un peligro. Es lo Otro. No se va a someter a reglas de juego oscuras. No va a mentir, no va a estafar, no se va a corromper, y con esa desconsiderada actitud va a desbaratar familias enteras, negocios florecientes, toda clase de confabulaciones espurias.

Ésta es una forma notable de protagonismo que el teleteatro propone, me animo a decir que sin darse cuenta. La mujer no sólo es la protagonista de la historia, la que ocupa el pensamiento, el deseo o el rencor de todos los que la rodean: también es en sí misma una amenaza al orden establecido que la dejó fuera, que la humilló y la ofendió.

¿Y todo por qué? Porque no es quien cree ser. Porque no es una hija legítima, porque no está anotada en libreta alguna ni existe en el registro civil. Porque es lo que dentro de la novela se llama "hija del amor" y detrás del texto se lee como "amenaza potencial para la familia y el orden".

Ella no tiene nada que perder. No le debe nada a nadie. Y no sabe quién es.

Estos son los ingredientes de un manjar gótico que muchas mujeres, tarde a tarde, están más que dispuestas a devorar.

Pero por qué. El análisis del mecanismo gótico no explica la naturaleza de la identificación. Fíjese que llamamos a este deseo número 6 "identidad" y terminamos hablando de la identificación.

¿Quién es Ella? No es la hija de quien cree ser. Ella es María de Nadie o Rosa de Lejos o carece por completo de apellido, como Topacio o Cristal. Ella tiene todos los motivos del mundo para vivir una realidad desgraciada, el conjunto de todos los contratiempos, el desamor, la injusticia, el abandono, todas las formas de la adversidad.

Y una, la mujer, la espectadora normal, también se siente en el medio de una realidad adversa y llena de contrariedades. El problema es que sabe perfectamente quién es. Tiene a su madre al lado, tomando mate con ella, y como ella sobreviviendo. Su padre no es un canalla inescrupuloso ni un millonario bonachón. El viejo hace lo que puede.

Hay temporadas buenas. Pero en algunos momentos difíciles una querría que toda esa realidad adversa, ese conjunto de problemas, esa vida que oscila entre el tedio y la preocupación, todo eso fuera *también para una* el producto de una horrible equivocación. No digo que sea sensato, sólo digo que es así.

Qué chica en dificultades no deseó alguna vez, en lo más profundo, descubrir que en realidad no era quien creía ser. Que esa buena señora sentada a su lado con el mate y la pava no es en realidad su madre sino una buena mujer que la adoptó. (Es una buena mujer, eso está claro, pero cuando se presentan las dificultades no puede hacer nada por ella más que cebarle mate.) Que su madre, en realidad, es una señora muy rica y muy buena que está buscándola desesperadamente desde hace veinte años para poner una enorme fortuna a su disposición y resolver todos sus problemas. Para llevarla al cuarto que le tiene preparado con cortinas floreadas de colores pastel y un tocador lleno de cosméticos. Para no permitir que nadie la vuelva a molestar. Ni el jefe que la maltrata en la oficina, ni el tarado que la manosea en el subte. Para volverla de pronto mucho más deseable ante Él, que hace dos semanas que no la llama por teléfono. Para sentarla en su blanca limusina (la versión actual del caballo blanco) y llevarla al shopping para comprarse todo.

Por disparatado que parezca, esto es lo que le sucede, entre otras tantas heroínas, a Topacio y a Cristal. Es el caso, en el máximo arquetipo, de *Rosa salvaje,* de Abel Santa Cruz, con Verónica Castro, una novela tan ingenua que por momentos pisa el borde del cuento de hadas. Mi madre, que estaba lejos de ser ingenua, no se la perdía ni un solo día.

Este deseo es tal vez el más inconfesable y tonto que pueda sentir una mujer, aunque jamás lo admita. Los teleteatros, sin embargo, lo muestran con el mayor descaro.

La sospecha, fantasía o declarado terror de no ser hijo de sus padres es una idea demasiado común como para no considerarla dentro de este esquema mítico. En toda familia esto ha circulado como broma, desde los mismos padres, o entre hermanos como forma de tormento infantil. El truco de las novelas consiste en rescatar este mito inconfesable y hacer girar una historia maravillosa en torno de él. Para la heroína tiene un final feliz: en efecto, Ella no era hija de quien se creía, sino de alguien mucho más interesante y conveniente. Para la espectadora, siempre queda el consuelo y el alivio de la identificación.

9
La mujer quiere
reivindicación

El teleteatro tiene como ley el final feliz. Existen sin embargo excepciones, muy raras, como Piel *naranja,* una novela de Alberto Migré que ya comentamos en otro lugar. La historia termina con la muerte de los amantes (Marilina Ross y Arnaldo André) en manos de Raúl Rossi, el marido de ella.

Esto desató un escándalo. Los teleteatros no tenían todavía el lugar de interés que hoy ocupan en los medios, sin embargo el público se hizo sentir con sus protestas. ¡Cómo! ¿Tantas horas de compromiso e interés invertidos en la evolución de un romance para después terminar con la muerte, como si fuera Shakespeare?

Migré dio todas las explicaciones del caso: no podía hacer otra cosa. No podía validar con un final feliz un amor nacido del adulterio. Por otra parte, no podía matar a Rossi porque habría sonado oportunista e injusto. No podía hacer otra cosa. En el teleteatro tiene que triunfar el Bien, y cuando este amor comenzó, Clara (Marilina Ross) estaba casada.

Registro este episodio por lo excepcional que resulta en una novela un final trágico, porque lo cierto es que la ley, la norma, lo natural del género es el final feliz.

Con esa íntima convicción, la de un final colmado de bendiciones sentimentales y económicas, la novela se regodea en las desgracias e injusticias que debe padecer la heroína a lo largo de los meses que va a durar la historia. Es difícil tocar fondo en una novela. Las cosas siempre podrían estar peor, y en efecto empeoran. Se acumulan los malentendidos. Él se casa con otra. Ella va a la cárcel. En la cárcel la humillan, la ofenden, la violan y golpean. Le cortan el pelo. La desheredan. Le roban a sus hijos. Pierde su embarazo. Con embustes la injurian y difaman. La ultrajan, la insultan y la afrentan. La denigran, la deshonran y atropellan. (A veces la atropellan literalmente,) Y la persona que tiene la clave de los malentendidos y puede resolver los conflictos sufre un repentino ataque de paraplejia: queda muda y paralítica por seis meses. O desaparece con un oportuno ataque de amnesia para reaparecer más tarde en un suburbio de Katmandú sin acordarse de nada.

Oh, Dios, las cosas pueden empeorar, si lo sabrá una. Y la novela ofrece un océano infinito de desgracias con las cuales simpatizar. Son desgracias ajenas pero no tan ajenas. Hay algo universal en la problemática de la mujer, aunque en este caso lo universal deba entenderse dentro del universo latinoamericano (las novelas estadounidenses son diferentes, como veremos).

Hay algo en la insensatez de todo ese sufrimiento que es balsámico para la mujer. En principio por la ley de las proporciones. El triunfo final de la heroína es directamente proporcional a los disgustos que haya padecido, En segundo lugar, porque comparados con esos problemas, los propios son amables. En tercer lugar, porque la identificación es inevitable. Desde las novelas más crudas hasta las más fantásticamente disparatadas, todas van a girar en torno de una mujer en problemas. Y una mujer en problemas es una hermana, yo misma.

Pero el final feliz está garantizado, y no hay nada más agradable que ver cómo Ella actúa cuando el mundo comienza a girar a sus pies. No hay nada más agradable que ver cómo de Ella depende la suerte de todos los que la maltrataron en el pasado. Ella, como ya vimos hasta el cansancio, es buena y perdona. Una en su lugar los reventaría a patadas.

10
Lo que no quieren
las mujeres
(De eso ni hablar)

Hasta ahora estuvimos analizando deseos profundos de las mujeres que podrían detectarse a través de los códigos cifrados de los teleteatros. Pero así como las tramas de las novelas revelarían lo que en forma consciente o inconsciente quieren las mujeres, también podrían indicar lo que las mujeres *no* quieren.

Es decir, los mecanismos de identificación no son esquemas algebraicos que se cumplen contra viento y marea. La mujer *es,* precisamente, viento y marea, y sus propios deseos pueden llegar a ser misteriosos incluso para ella misma.

El teleteatro es *aparentemente* realista: la gente ambula en ciudades conocidas, se viste con ropa actual, habla con la jerga corriente, incluye problemáticas de moda, El relato no es realista. Es una forma peculiar del género fantástico, en su modo maravilloso, que se vale del mimetismo para tocar una cuerda de interés.

Pero hay una verdad detrás de todo esto, la que alimenta a cada pieza del género fantástico. La verdad oculta, aquello a que la obra alude pero no dice, lo innombrable, lo invisible. Esta verdad puede ser miedo o deseo. En la inmensa mayoría de los casos es una mezcla de los dos.

Miedo y deseo.

El caso del teleteatro es peculiar porque su tono y su lenguaje lo inclinan a la cuestión femenina, pero contiene los mismos elementos de cualquier otro asunto fantástico. Toca la cuerda de interés, la identificación inmediata y secreta con la incomodidad esencial de la heroína. Y a partir de ahí, la elaboración del relato va a estar cifrado dentro de los esquemas tradicionales del gótico, analizados más arriba.

Sin embargo, algunos de los elementos de identificación no se muestran por el camino de la ensoñación o la fantasía, sino de una manera directa. Más allá, tal vez, de la deliberación de los mismos autores.

Del mismo modo en que la formulación esquemática de los teleteatros parece indicar qué quieren las mujeres, también pueden dar una pista reveladora de lo que las mujeres no quieren.

Notablemente, una de las cosas que las mujeres parecen no querer es sexo.

En efecto, si aceptamos que el género está básicamente dirigido a la mujer, que es protagonizado y muchas veces escrito por mujeres, si consideramos que su universo es femenino de un modo primordial, es notable entonces la presencia elusiva y remota del sexo en las historias.

En realidad esto no es tan notable. En lo personal se me hizo notable por comparación y contraste. Y la novela en que esto se me hizo evidente fue *Pantanal,* que comencé a ver hace poco y anuncié, de entrada nomás, que se trataba de algo diferente.

Pantanal es una novela brasileña, y vamos a desarrollar el tema de las producciones brasileñas un poco más adelante. Pero hay algo que se sabe desde hace ya unos años, y es que la calidad excepcional, diferente, de las novelas brasileñas superó el umbral del público primordialmente femenino, y forma parte del espectáculo masivo sin distinción genérica.

Dicho más sencillamente, el teleteatro brasileño, en Brasil, es para hombres y mujeres por igual. A partir de cierto momento las historias comenzaron a revelar esta presencia masculina en el público con detalles narrativos y problemáticas más amplias. Pero es en *Pantanal* donde la presencia masculina no sólo se hizo notar sino que reveló (a mí, por lo menos) esta peculiaridad referida al sexo.

Pantanal tuvo el comienzo más deslumbrante y estremecedor que yo me atreví a contar aquí, en estas páginas. Hoy, sesenta capítulos más tarde, debo decir que decae en un ritmo más moroso que lo normal en el género —y completamente anormal en una pieza brasileña—. Hay largos tramos de la novela que se demoran en el lento devenir del río, en las fotos eternas de las flores y los pájaros, en el sueño del caimán, en la peonada que arrea un ganado interminable. Canciones enteras, meditaciones, paisajes, aun para el ritmo naturalmente moroso de un teleteatro, el de *Pantanal* llega a ser exasperante.

Pues bien: la mitad de estas imágenes, estas largas parrafadas visuales con que se engolosina la cámara, son escenas eróticas. Muy eróticas. Son eróticas con el tipo de erotismo que interesa a los hombres, *no* a las mujeres. La misma presentación de la novela, día a día, al abrir y cerrar cada bloque, muestra una joven nadando desnuda, con un desnudo púbico y frontal. La joven es de una gran belleza, sí, pero un desnudo frontal femenino, constante, es una imagen que por lo menos para las mujeres resulta perturbadora.

Yuma, la niña que vimos nacer del modo más primitivo en la mitad del río, es ahora una mujer bellísima y salvaje, que no sabe otra manera de bañarse que no sea desnuda en el río, Pero no está sola. La Muda, un personaje que no viene al caso detallar ahora, está con ella todo el tiempo. La Muda, que no es muda, es una joven muy bonita también. Se dedicaron kilómetros de película a mostrar a las dos chicas nadando y jugando desnudas en el río, en una de las situaciones más caras y más clásicas de la imaginería erótica masculina. Una escena tradicional en las películas de Isabel Sarli lo mismo que en la cinematografía sueca que salió a soliviantar al mundo en la década del sesenta.

Pantanal es una novela llena de mujeres hambrientas de sexo. Guta es otra joven preciosa, la hija de un vecino. Con su pelo cortito y su cuerpo perfecto —que muestra sin amarretismo camina por las playas y recorre el pantanal seduciendo animales, vegetales y minerales con una voz susurrante hasta el límite del jadeo. Se mueve con la sinuosidad de una serpiente, mira con las pestañas a media asta, como si los párpados le pesaran por el deseo, y no importa lo que pase, no consigue cerrar las piernas.

Es posible que el aire caliente y voluptuoso del pantanal desate los deseos y libere las pasiones, pero es en Río de Janeiro donde la novela excede los límites del género cuando una tercera mujer, Irma, protagoniza una escena de masturbación.

Una escena de masturbación femenina es demasiado. Más tarde se verá incesto y sadomadoquismo, todo el abanico de la erótica tradicional.

Irma ha estado enamorada siempre del protagonista, José Leoncio, que es su cuñado, el marido de su hermana. Ella estuvo enamorada de él antes y después de que su hermana lo abandonara, aburrida de la vida ruda y solitaria del campo. Ella, más que su hermana, lo ha querido bien y mucho y lo sigue amando hasta el día de hoy.

¿Pero masturbarse en su dormitorio pensando en él?

Esto no sólo transgrede seriamente los códigos tácitos del teleteatro en cuanto al amor; también transgrede la ley primordial del protagonismo porque acá se pone en primer lugar el deseo del Hombre, y la idea que tiene el Hombre de lo que es el deseo de la mujer. No voy a iniciar acá un discurso sobre la masturbación femenina (que Dios me libre y me resguarde). Sólo diré que mostrar a una mujer que se masturba cuando piensa en el hombre al que ama desde hace más de veinte años es trabajar sobre la idea que tiene el *hombre* de lo que es el amor de una mujer.

La masturbación no tiene nada que ver con el amor. Sólo podría salpicarlo.

Estas observaciones sirvieron, naturalmente, para enfriar en alguna medida mi interés inicial en la novela Pantanal. Pero más que nada sirvieron para reflexionar sobre el tema del erotismo dentro del género, que, lo mismo que el humor, parece brillar por su ausencia.

Salvo algunos casos especiales, donde todo el teleteatro es una suerte de maniobra para vender un producto sensual (masculino), las novelas carecen de lo que tradicionalmente se considera "erotismo". Estos casos especiales podrían ser novelas como *Amo y Señor*, donde Arnaldo André cultivaba el erotismo solapado del misógino abofeteador e inalcanzable.

Muy solapado.

O una novela en la que el mismo André se agarraba a golpes con Marita Ballesteros y terminaban, ella con el bretel roto y varios sopapos cada uno, haciendo el amor bajo el chorro implacable de la ducha.

Eso es todo.

Salvo unas pocas excepciones, el erotismo desaparece. No hay desnudos ni sugerencias ni tibias redondeces difusamente iluminadas, a menos que se considere un hecho erótico la postal argentina que mostró al mundo la lustrosa musculatura de Catriel (Osvaldo Laport) en *Más allá del horizonte*.

No hay manos ni lenguas ni jadeos ni sudores ni olores ni bocas ni nucas. No hay camas deshechas. No hay sexo.

No hay clima erótico, no hay escenas de sexo. Tampoco hay seducción.

Para la heroína, un ser entrenado en la abstinencia y la castidad, la seducción es un idioma extranjero que habla de placer, asuntos terrenales, concupiscencia y vanidad. No le interesa.

Las escenas de seducción forman parte del universo de la Malvada. Es la Malvada la que usa los equipos de cama con puntillas y transparencias obtenidas por canje en la casa que figura entre los títulos del final.

Y cuando la Malvada se pone el camisón transparente, abre su escote y suelta su pelo, no lo hace por deseo físico alguno: lo hace por un juego de poder. La Malvada tampoco tiene apetitos sexuales. (Odette Roitman, tal vez, un poquito. Tiene esa debilidad por los chicos jóvenes.)

La heroína no tiene deseos sexuales así como la reina no tiene piernas. Si alguna vez cayó en los brazos de Él presa de su seducción fue porque estaba sola en el mundo, se sentía desamparada y tenía miedo. Como tantas mujeres —dentro y fuera de un teleteatro— tuvo que meterse en una cama para sentir un contacto humano; tuvo que usar el sexo para poder abrazar a alguien, para que alguien la abrazara.

¿Quién no pasó por esa situación, alguna vez?

La Malvada, decía, tampoco tiene deseos sexuales, sólo tiene ambición. Sus atractivos son herramientas que sirven a sus propósitos. Y éstos no tienen nada que ver con el amor. En el blanco de sus gestos de seducción no hay un hombre, hay una empresa, una fortuna, o el marido de su enemiga.

Entonces, si la buena no tiene deseos y la mala tampoco ¿dónde están los deseos? ¿Dónde está el deseo erótico de una mujer?

Señores, voy a hacer la afirmación más intrépida de todo este libro. Quiero dejar sentado que la hago con toda deliberación y después de haber reflexionado sobre el asunto. Aquí va.

La mujer no tiene deseos eróticos.

También podría formularlo así:

A la mujer no le gusta el sexo.

Muy bien. Ahora demándenme.

Afirmo que toda la literatura erótica de la mujer es mentira. Es un truco habilísimo que encontraron algunas mujeres para ganar dinero a costa de los hombres. Afirmo que las sexies profesionales, las que van a los programas de televisión cuando se tratan temas relacionados con el sexo, las que ensayan movimientos imposibles con los hombros para asumir poses más y más sugestivas, las que agregan más y más siliconas en su escote, estas chicas cultivan un negocio como cualquier otro. Pero este negocio no es el sexo, atención. El negocio consiste en afirmar que les gusta el sexo. Esto es tan inédito que tienen un mercado disponible e inmediato. De hecho, cada vez que se tratan temas relacionados con el sexo en la televisión, con toda seguridad van a estar invitadas al programa. Estoy segura de que llegan a su casa, se sacan los zapatos y no quieren ver un hombre en su cama, más que una obrera que se pasa ocho horas por día envasando atún quiere un plato de atún a la hora de comer.

Veo pancartas, oigo voces de protesta, pero insisto. A la mujer no le gusta el sexo desde la palabra misma, tan cruda y difícil que tiene el ingreso vedado a las letras de los boleros u otra forma cualquiera de poesía.

A la mujer no le interesa la gimnasia erótica como un placer en sí mismo. Una foto de Osvaldo Laport en taparrabos no le va a despertar la misma secreción salival, la misma tentación que una foto de su comida favorita. Incluso, si en ciertas condiciones ideales se le diera a elegir entre pasar la tarde con uno u otra —sí, su comida favorita—, me animo a creer que elige la segunda.

En las condiciones ideales, dije. Estas condiciones son dos: a) que la elección sea secreta, porque nunca va a admitir en público que prefiere comerse una mousse de chocolate que a Laport. Y b) que la mousse de chocolate no le engorde.

Un cineasta estadounidense filmó en 1990 una extraordinaria película documental. Convocó a una cantidad de mujeres de toda edad y condición, les puso una cámara delante y le pidió a cada una que describiera su comida favorita.

Esta simple consigna dio como resultado la película más erótica que yo haya visto en los últimos años. Las mujeres, después de la sorpresa inicial, entrecerraban los ojos ante la sola, maravillosa situación de elegir uno entre los cientos de manjares que les daban placer. Por entre esos párpados podía verse, como sintonizadas en un dial, todas las opciones de su memoria gastronómica, hasta elegir una. Entonces venía la descripción. Ni una sola dejó de reír, como alguien a quien le están cosquilleando con el dedo el fondo mismo del placer. Las descripciones de los platos y los postres incluían datos visuales de jugos, carnes, cremas y sorbetes. Se describían masas y ambrosías, pastas y pasteles, caramelos derretidos, ricos adobos y detalles de terminación. Movimientos mórbidos de las manos delineaban la curva de un helado, la textura de un bizcochuelo, la caída voluptuosa de una salsa. El oído atento del documentalista hacía olvidar la cámara y su pavorosa indiscreción: las mujeres entregaban sus secretos más íntimos de placer entre sudores, risas, miradas intensas, ojos elevados al cielo y no sé si alguna no se permitió un sonido obsceno con la boca, para tragar toda la saliva que la sola idea le hacía segregar.

Eso, en mi opinión, es deseo, es erotismo, sensualidad y placer. Esas mujeres desplegaron ante la cámara la pulsión vital, el desparpajo y la potencia que tiempo atrás desataba el sexo, y últimamente, parece, sólo provoca la comida.

La comida tiene en la actualidad una ventaja enorme sobre el sexo: está *prohibido*. Por la silueta, el colesterol, o el motivo que fuera, ya todos miran la comida con aprensión, con recelo, con esa triste resignación de quien se despidió para siempre de los fritos y los dulces.

En el sexo, por el contrario, ahora todo está permitido. Y el permiso, ya sabemos, es el enemigo natural del deseo. El sexo en la actualidad sólo requiere las debidas precauciones por la acechanza del sida, pero social y psicológicamente, no tiene advertencias ni reconvenciones.

Ahora es la comida la que lleva ese aura irresistible que tiene todo lo prohibido. El aura que tuvo el sexo hasta la década del sesenta. Hoy la comida está puesta en el lugar de la tentación y la aventura, y el sexo, bueno, la cuestión del sexo, es más discutible.

Se supone que todo el mundo quiere hacer el amor todo el tiempo. La publicidad, el humor bien o mal intencionado, el cine y las conversaciones mundanas han legalizado la actividad sexual al punto de convertirla en un imperativo. Por ejemplo, se la considera el tratamiento de belleza más potente que existe. Cuando se encuentra a una mujer conocida más linda que de costumbre, lo primero que se piensa es que está de novia.

Se supone que las mujeres quieren hacer el amor todo el tiempo. Ellas son las primeras en afirmarlo, con palabras, con risitas cómplices, con declaraciones a la prensa y con actitudes sociales atrevidas.

Eso en público.

En privado, en conversaciones confidenciales, es diferente. Para hacer una apretada síntesis de la situación según se infiere de los hechos y no de las declaraciones públicas, a la mujer le gusta hacer el amor sólo en situaciones muy pero muy pero muy acotadas:

1. Tiene que estar enamorada del hombre en cuestión.

2. Si no está enamorada, el hombre tiene que gustarle mucho.

"Gustar mucho" no tiene que ver con su aspecto, sus músculos trabajados o la ropa elegante que usa. Si se tratara de eso sería un trofeo, alguien para mostrar o para presumir, o para conseguir algo o para dañar a un tercero. Eso no es sexo sino deporte, narcisismo o ambición.

El hombre que a la mujer le "gusta mucho" no necesita los atributos de un galán de teleteatro. Lo que necesita se encuadra en los misterios de la química personal, los contactos eléctricos y otras curiosidades de la ciencia infusa. Pero estos encuentros son infrecuentes.

Los hombres pueden despertar el deseo en las mujeres, claro. Pero difícilmente lo logren con los discursos temblorosos y desgarrados de los enamorados de las novelas. En todo caso, si me preguntan a mí, me inclino a creer más en la eficacia de mecanismos más secretos y hechos a medida de cada mujer en particular.

Claro, para eso el hombre tiene que tomarse el trabajo de observar con cuidado a la mujer en particular con la que quiere hacer el amor.

Ese sólo gesto observar a la mujer y recortarla de un fondo genital indiscriminado es capaz de movilizar a una mujer y despertar en ella un interés genuino. Después de eso, todo es cuestión de encontrar la palabra justa que toque la cuerda escondida.

Hay un caso especial de deseo legítimo que se despierta cuando el hombre ocupa el lugar de lo prohibido: el amigo del marido, el novio de la amiga, el amigo del hijo, el jefe, el chofer, el carnicero. Pero las mujeres son lo suficientemente sabias como para evaluar debidamente estos casos y disfrutar del deseo en sí mismo, el deseo en estado puro que, insisto, es tan escaso en una mujer, y no caer en la tentación de realizarlo.

La tentación de realizar un deseo perverso es fuerte.
También es un viaje sin escalas al territorio del horror.

Lo cierto es que el teleteatro, como un espejo candoroso
del mundo de la mujer, sus deseos y obsesiones, nos proporciona este dato tan inesperadamente revelador. El sexo no figura entre sus necesidades o apetencias. Hablamos del sexo
químicamente puro, el que hace a los hombres salivar ante la
sola visión de las turgencias juveniles de las chicas en shorts.
Hablamos del sexo mecánicamente activo, el que despierta a
los hombres por la mañana con el ánimo erecto, el que está
siempre dispuesto, el del gimnasta y el donador.

Eso no le pasa a la mujer. La mujer no tiene ese repentismo anatómico que estremezca su intimidad ante la sola visión de un muchacho musculoso en la playa. Tal vez aprecie
su belleza, por qué no. ¿Pero *desearlo?* ¿Desear concretamente estar en la cama con él? Francamente lo dudo.

A partir de los años sesenta, con la revolución sexual y la
liberación femenina, se instaló la idea de la mujer agresiva,
la cazadora y amante activa. Esto pudo haber sido así al principio, cuando la mujer ensayaba sus nuevos privilegios,
cuando reconocía los territorios conquistados.

Antes, al parecer, quedaba terminantemente prohibido todo lo que no estuviera expresamente permitido.

Luego vino la revolución y las mujeres comenzaron a vivir
como si todo lo que no estuviera prohibido fuera obligatorio.

Hasta el día de hoy la presión es muy fuerte y ataca por
todas partes: las tapas de las revistas, la mirada masculina,
la evaluación social, la épica de la juventud y el más poderoso de los cosméticos que es el narcisismo, todo eso demanda de la mujer una configuración activa, deseable, juvenil. Y la mujer acepta, compite, juega. Es más, se divierte, le gusta y a veces gana.

Tiene su aspecto, tiene su lugar, hace lo suyo. El sexo no

es fundamental en su vida. A menos que esté enamorada o tenga veinte años. A menos que un hombre se tome el trabajo de despertar en ella el deseo, y no que entre en ella con toda naturalidad y sin comentarios como quien guarda el auto en el garaje.

El sexo no es fundamental en su vida; ni siquiera es importante. Esto no lo va a admitir si no es en la máxima confidencia con su mejor amiga. No lo va a admitir porque su prestigio está en juego. Admitir la falta de deseo sexual en nuestra sociedad es lo mismo que declararse en estado de vejez, es la muerte civil.

Esto no es caprichoso, tiene su razón. Por mucho que se desarrolle la actividad social y profesional de la mujer, uno de sus atributos importantes, mal que nos pese, sigue siendo su belleza, o el conjunto de factores que le permiten despertar el deseo en los demás. Ser deseable es parte de su talento y apuntala su cotización personal. Tener una vida sexual activa es una forma que tienen las mujeres de *demostrar* que son deseables, y no sólo a los demás sino también a sí mismas.

Las mujeres se han ganado el derecho a una vida sexual activa, independiente y gozadora, y apuntalan este derecho cada vez que pueden con hechos o con palabras, aunque no tengan ganas (y aunque no se hayan depilado). Con el tiempo, supongo, va a suceder algo parecido a la cuestión del cigarrillo y el largo camino que las muchachas han recorrido. Las mujeres van a ganarse el derecho a hacer lo que verdaderamente se les dé la gana. A tener una profusa vida sexual si tienen ganas, y a no tenerla si no están de humor, y que eso no interfiera en la definición de su perfil social, profesional y personal.

Es posible que yo esté horriblemente equivocada en cuanto a los deseos sexuales de las mujeres, pero en todo caso los teleteatros, al menos los latinos, corroboran esta sensación. La heroína desea encontrar a su madre y amar a su hombre, y no *desea ninguna otra cosa*. Comparada con la extraordinaria colección de situaciones a las que se ve sometida capítulo a capítulo, la imagen de su deseo amoroso es notablemente cándida y sencilla. Rara vez pasa de un beso en la boca. Más intenso o menos intenso. No la verás en la cama. El día de su caída inicial —de la que va a quedar puntualmente embarazada— la imagen se va a diluir sobre el mar, o el cielo, o cualquier otro pretexto que ofrezca la naturaleza para justificar su gesto animal. Y después de eso abstinencia, abstinencia, abstinencia.

Mujeres capaces de fundar empresas propias y optimizar corporaciones ajenas, mujeres capaces de mover cielo y tierra para encontrar bebés perdidos y madres enajenadas, no manifiestan a lo largo de cientos de capítulos el más mínimo interés de compartir su cama. Todo lo padecen: el hambre, el frío, la soledad y la injusticia; todo lo sufren, menos el deseo carnal del abrazo masculino.

En este punto, el teleteatro refleja con todo candor una situación más realista que mimética, que la sociedad prefiere colocar dentro del esquema inverosímil de la pieza fantástica. Es más fácil así. Una mujer que no hace lo que se espera de ella, que no siente lo que se espera de ella—en este caso pasión sexual— es una profunda incomodidad que la sociedad no maneja con fluidez.

Esto no significa —si indagamos un poco más allá, un poco más adentro— que la mujer se haya convertido en un mecanismo de plástico de alta performance, con el erotismo vencido por las premuras cotidianas, los niños y la rutina conyugal. El erotismo de una mujer puede resultar volcánico y tormentoso y por eso, de la manera más natural, la vida diaria lo adormece en forma espontánea. Porque no es un deseo que se despierta con facilidad, porque no es un deseo sencillo de satisfacer.

Hay en la novela, sin embargo, en la conformación total de la novela, una velada paráfrasis del deseo femenino. Tiene el mismo ritmo, su extrema lentitud, la misma calidad de espera, la textura del tiempo amasado día a día, de mínimos gestos atesorados, de ola oceánica pero muy lenta, cargada de secretos atávicos guardados en el fondo más oscuro de la tierra. Podría no salir nunca a la superficie, podría disimular sus trémulos latidos debajo de pasiones más sencillas. Para surgir y manifestarse necesita el Tiempo y la Palabra.

El Tiempo y la Palabra, no la foto en slip de un sujeto musculoso.

Hay disparadores más brutales del deseo, desde luego, como el alcohol, el bombardeo hormonal de los años jóvenes, un amor flamante, una situación prohibida. Pero en condiciones más normales, en el tedio de los días, el deseo de la mujer se evapora en un juego de escondidas. Es consciente de su peligrosidad, de sus exigencias superlativas, y espera. Amasa y espera.

Y de la misma manera funciona la telenovela, lenta y deliberada. Así funcionaban ya las novelas escritas, como las de Corín Tellado, que desataban el erotismo por (también) la espera y la postergación. A último momento, una postergación. Y cuando todo parecía resuelto, otra postergación. Al final de la novela, Ella, la protagonista, ya estaba en un grito. Y la lectora también.

Así opera el deseo erótico femenino, y no la traslación mecánica del masculino. Es un misterio del que tenemos pocos datos. Por ahora, la palabra y el tiempo.

Tercera parte

1

Los teleteatros brasileños, otra cosa

Los productores principales de teleteatros en América Latina son Argentina, Venezuela, México y Brasil. La calidad de los productos es relativamente pareja entre los tres primeros, y las preferencias se definen por los gustos personales. (A mí, por ejemplo, me gustan mucho los mexicanos.)

Pero el caso de Brasil es diferente.

Brasil ha superado el esquema de los teleteatros comunes y desde hace años desarrolla productos de una nueva generación narrativa. Sin traicionar un ápice las leyes del teleteatro, encontró la manera de producir historias de una calidad superior y un interés masivo.

Los teleteatros brasileños hallaron la fórmula para traducir el gótico del siglo XVIII al realismo moderno, sin perder la magia irresistible de las historias de amor y poder. Dicho de otra manera: suprimieron el disparate y se quedaron con la estructura.

La estructura, de eficacia probada durante décadas, puede ser alimentada con historias diferentes: en las novelas brasileñas no hay bebés abandonados en la puerta de los ortelinatos, no hay enanos que arrastran a las locas por el hospicio, no hay o casi no hay mucamas que subyugan a los jóvenes millonarios, no hay enormes fortunas que pasan de mano con la sola firma de un moribundo arrepentido, nada de eso.

Sin embargo, y esto es lo fascinante de los brasileños, ellos encontraron la manera de "reproducir" las sensaciones y las emociones que aquellas situaciones podrían provocar si se las tradujera a un paisaje realista. "Reproducen" los esquemas sociales que estas situaciones alteran o perturban, pero en lugar de hacerlo a través de la magia, el horror, la exageración o el sinsentido, lo trasladan al territorio de lo verosímil y lo relativamente razonable.

¿Cómo lo hacen? Ése es, precisamente, su arte.

Tomemos *Dancin' Days,* por ejemplo, de Gilberto Braga, tal vez la más perfecta de las novelas brasileñas (por lo menos de las que yo he visto).

La heroína es Julia. Según el esquema que analizamos hasta el cansancio en páginas anteriores, ella tiene que estar en una situación desventajosa. Topacio es ciega y huérfana. Cristal es pobre y huérfana. Rosa Ramos es pobre y analfabeta. Celeste es pobre y huérfana. Camila es muda. Estrellita es pobre, huérfana y, digámoslo, también es tonta.

Julia no es pobre ni tonta ni muda ni ciega ni analfabeta. Está en la cárcel. Pero no está en la cárcel por una horrible equivocación, una injusticia imperdonable, la difamación de un enemigo o una perversa jugarreta del destino. No señor. Está en la cárcel porque cometió un delito.

El delito que cometió tampoco es romántico: no robó pan porque su bebé tenía hambre, ni mató al hombre que intentó violarla, ni puso en llamas la casa del tiránico gobernador. Ni mucho menos. Está en la cárcel por robo a mano armada, agravado por homicidio accidental. Un grupo de amigos decidieron robar en una empresa y ella tenía un gas para inmovilizar a los guardias. Un accidente con ese gas provocó la muerte de uno de los guardias y Julia fue a parar a la cárcel por muchos pero muchos años. Cuando la novela comienza a ella le falta poco para salir.

Otra de las características congénitas del teleteatro es la confusión de identidades. Siempre hay un bebé abandonado en la puerta del orfelinato, o un pequeño bastardo a quien se manda matar, el que escapa de la condena en brazos de una criada fiel, la niña que se cría con las monjas, la que crece como una salvaje, la que no tiene apellido ni pasado, la que sólo tiene "tías" o "maminas" o "madrinas" o cualquiera de las formas que sirvan para reemplazar a una madre ausente, desconocida o escondida detrás de una larga mentira.

En *Dancin'Days* se trata de la hija natural de Julia. Cuando ella va a la cárcel, la niña tiene cuatro años. La hermana de Julia, Yolanda —que no puede tener hijos—, la toma bajo su custodia y actúa como si Julia no existiera, como si la niña fuera su propia hija.

En esta novela, la hermana de Julia es La Malvada: es rica, mundana, frívola, inescrupulosa y bonita. Educa a la niña con sus propios criterios y en poco tiempo la convierte en una tilinga igual que ella. La niña, por supuesto, ignora que su madre verdadera es una presidiaria. Y la novela va a recorrer el largo camino de enfrentamientos entre las dos hermanas, principalmente por el amor (y la posesión) de la niña, y también por todo lo demás, lo que podríamos llamar un lugar en el mundo.

Al final de ese largo camino, en algún momento, las dos hermanas van a agarrarse a trompadas en una de las escenas más notables del género, que supera por varios cuerpos otras escenas parecidas consagradas por el prestigio de Hollywood. Es mucho mejor, por ejemplo, más sangrienta y verosímil, más apasionada, más divertida, que la pelea entre Shirley McLaine y Ann Bancroft en *Momento de decisión*.

Con este esquema impecable, la mujer que viene de un lugar extranjero (la cárcel) a una ciudad hostil (hacia los ex presidiarios), Ella va a desarrollar la caída implacable de toda heroína de teleteatro. Va a trabajar como pedicura para mujeres que la ignoran y la desprecian (las amigas de su hermana), va a sufrir postergaciones, humillaciones y maltratos, pero todos los disgustos son verdaderos, posibles, conocidos, reconocibles.

Con el amor se cumple a la perfección la otra ley congénita del teleteatro, que es la diferencia de clases. Pero acá no se trata del niño rico con la mucamita, sino de un joven de buena familia con gran futuro en la diplomacia (al comenzar la novela él vive en Brasilia y está tratando de volver a Rio) con una mujer que no es nadie, que no tiene dinero, ni relaciones, ni ropa de cóctel ni cultura de vernisage. Para colmo de males, acaba de salir de la cárcel.

Se conocen cuando él atropella con su auto último modelo a un perro callejero. Y ella, que caminaba por ahí, se ve a sí misma: un perro callejero apaleado por cualquiera que atine a pasar, sin fijarse a quien atropella en su apuro por vivir bien.

Ella toma el perro en sus brazos y lo lleva al veterinario. Su propia vida está en juego. Él, que no entiende un interés tan desproporcionado, siente sin embargo que ella toca algo profundo en él y se enamora irremediablemente en ese mismo momento, aunque van a pasar muchas cosas que los van a mantener separados durante años.

Hay veinte historias diferentes alrededor de este esquema central. Todas verosímiles. Todas emocionantes. Todas modernas.

Los teleteatros brasileños fueron los primeros en mostrar gente que mira televisión, que usa computadoras, que crece o cae en la interna de una corporación empresaria. Los personajes van a los gimnasios, practican zapateo americano o vuelo en aladelta, siguen las modas, van a la universidad.

El mundo de los teleteatros brasileños tiene la misma distancia con la gente común que las revistas mundanas. Los ricos de estas novelas son remotos pero existen. No tienen "mansiones", pero tienen casas diseñadas por los más grandes arquitectos. No heredan fortunas incalculables, pero ganan los sueldos estremecedores de los altos ejecutivos.

Las pasiones se juegan en batallas cruentas, pero no por el reconocimiento de un apellido sino por una mayoría accionaria o la anulación de una hipoteca. Los problemas son verdaderos, al menos verosímiles. Y el arte de la novela brasileña consiste en detectar dentro de la vida cotidiana, de los problemas verdaderos, el costado romántico capaz de tejer la trama de un teleteatro tradicional.

Estas novelas han logrado el milagro de poner magia a la realidad, de recuperar la ilusión romántica en tiempos tan desangelados como los nuestros. Ellos se emanciparon de la sinrazón del gótico y se guardan de caer en el "mensaje" o la densidad política de cierta literatura.

¿Cómo lo hacen? No sé. No se trata de la inversión porque muchas productoras de diversos orígenes —argentinas, especialmente— están haciendo inversiones más que generosas y no logran el mismo efecto. En todo caso se trata de la forma en que se utilizan esas inversiones.

Se nota, desde la misma presentación de las novelas brasileñas, que el producto no tiene esa especie de complejo de inferioridad que suelen tener las otras novelas; ese dejo de "bajo presupuesto" que tienen incluso las producciones de presupuesto más alto. Las presentaciones de las novelas brasileñas representan una señal indicadora de la actitud del género: siempre apuntan alto, a lo más moderno, lo más atractivo y seductor. La novela brasileña opera con los mecanismos de la publicidad, que no repara en gastos ni ahorra talento porque su objetivo es difícil: tiene que seducir a todos. La presentación de *Dancin' Days*, a principios de los ochenta, ya quebraba las imágenes con el criterio del videoclip, que desde el rock and roll estaba destinado a modificar la estética general del cine. Pocos años más tarde, la presentación de *Pantanal* se hizo con animación computada. La presentación de *Roque Santeiro* fue una obra maestra de juegos ópticos y alejamientos metafísicos.

Así como la dirección de arte, la actitud de respeto al género se nota también en la contratación de los libros, piezas de intelectuales reconocidos como Dias Gomes *(Roque Santeiro)*, también director de teatros independientes, Gilberto Braga *(Dancin' Days) y Benedito* Rui Barbosa *(Pantanal)*.

Dije actitud de respeto al género, cuando en realidad es una actitud de respeto al público. Es, precisamente, no presumir que se dirigen a un público menor, que va a conformarse con un lindo cartelito tipográfico y un montaje armado con escenas de la tira.

Los brasileños no creen que sea necesario justificar las historias con asuntos elevados, históricos o "mensajes" de naturaleza alguna, aunque no se privan de historias como *La esclava* —teleteatro antológico en la historia del género brasileño— que narra magistralmente la gesta de la independencia de Brasil. No sólo cuentan historias muy buenas, actuadas por actores muy buenos y dirigidas por muy buenos directores. Se han tomado el trabajo de trasvasar la mecánica de un determinado tipo de relato de amor y traerla a los medios narrativos actuales, con el ritmo narrativo actual y el lenguaje televisivo más ambicioso.

Y desde ese lugar se permiten hacer novelas modernas aun con historias de época, como *La esclava* o *Dona Beija, y* otras actuales como *Dancin' Days, Vale todo, Pantanal, Roque Santeiro* (algo excesiva para mi gusto) y *Baila conmigo.*

También ensayan novelas que se me ocurren experimentales, con resultados magníficos. Una vez se proyectó una novela brasileña protagonizada por Antonio Fagundes (el protagonista de *Vale todo* y *Dancin' Days*) cuyo título era algo así como *El imperio de las pasiones.* La novela duró un mes en total, con la trama apretada y tensa de un thriller negro.

Él vivía en una ciudad de provincia; tenía un buen trabajo en una empresa, era joven, estaba casado con una linda mujer y tenían un hijo pequeño. Un día lo encaran de una empresa grande de San Pablo y le ofrecen un cargo como alto ejecutivo, con un sueldo deslumbrante, magnífica casa, auto, opción accionaria y todos los privilegios de una posición semejante. Hay una única condición. Tiene que ir solo, sin mujer, sin hijo. No le toma mucho tiempo decidirse, deja todo y va. A partir de su llegada a la otra ciudad, a ocupar su cargo en la nueva compañia, comienza a tejerse a su alrededor una trama de intrigas románticas y empresarias tan compleja que era preciso poner toda la atención, como espectador, para no perderse y comprender lo que estaba sucediendo. Apenas pude comprenderlo mientras sucedía, no esperarán que lo reproduzca ahora, tal vez diez años más tarde. Lo único que puedo decir es que en el último capítulo de la novela —como ya dije, apenas un mes más tarde— había una situación empresaria que Él debía definir con su voto. Con esto apoyaba a la gestión que lo había contratado, o bien se anotaba en una laboriosa traición que se vino gestando desde una facción del personal ejecutivo de la compañía. El voto de un hombre definía el futuro de una empresa, delineaba la naturaleza ética de ese hombre, resolvía su situación personal en términos laborales y afectivos, y desenmascaraba la intriga que mantuvo al público con el corazón en la boca durante toda la novela. Una novela sin respiro, sin dilaciones, sin condescendencias (si te perdías un solo capítulo estabas en problemas). Y todo eso en un mes en total, el tiempo que una novela común se toma solamente para presentar a sus personajes.

En este mismo momento debe haber una novela en Brasil que tiene paralizado al país a la hora de su emisión. A esa hora, ya sabemos, todo interés ajeno a la novela desaparece. El año que viene, o el otro, la novela llegará acá y el grupo de adictos jadeantes que me enorgullezco de integrar estaremos esperando con los ojos vidriosos.

2
Estados Unidos:
la ópera de jabón

En Estados Unidos las novelas reciben el nombre popular de *soap opera* (ópera de jabón) porque las primeras que se conocen tuvieron como anunciante a Colgate Palmolive. Pero en términos un poco más formales, los que se usan para los medios, los contratos o las entregas de premios, el género recibe el nombre de *Daytime Television o Daytime Drama,* es decir, la televisión de la tarde, el drama que se da de día.

Las novelas estadounidenses tienen una característica muy particular: nunca terminan. Una de las que actualmente están en el aire, *Guiding Light,* se proyecta desde 1937. La más nueva de todas, *The Young and the Restless,* se estrenó en 1973. Hay un par de novelas más nuevas, como *Loving y Capitol* (1983 y 1981 respectivamente), pero se dan en capítulos de media hora. La novela tradicional, la que dura una hora y se proyecta a la hora de la siesta, como *General Hospital* (1963), lleva en el aire treinta, cuarenta y cincuenta años sin interrupción, rotando elencos y haciendo brotar historias nuevas de las raíces de las anteriores.

Mucho antes que nosotros, en América Latina, las cadenas de televisión estadounidenses observaron la devoción con que las amas de casa seguían sus historias favoritas por las tardes, y consideraron que no era un franja de público despreciable. Si bien no pertenecían —por lo general— a las fuerzas productivas de la sociedad, tenían un gran poder en cuanto al manejo de la economía familiar y como tal conformaban un público apetecible.

Las novelas, en si, tienen el esquema básico de la aventura romántica de fachada realista, a la que se suelen agregar temas policiales con crímenes de todo tipo más o menos edulcorados: no confundir con la violencia de un policial moderno.

Si bien hay amores contrariados y los desencuentros típicos del carácter transitivo (A ama a B, pero B ama a C y C, por su parte, ama a J), este tipo de novela es muy diferente de las novelas latinas. He aquí algunas de las diferencias.

- No tiene nada que ver con el gótico. No hay magia, ni muertos que hablan con los vivos, ni personas que se convierten en anacondas, ni seres que adivinan el futuro, ni locas en el altillo ni fantasmas en el jardín. Todo es más o menos "razonable".

- Como toda otra manifestación de la cultura y la comunicación social en Estados Unidos, cada teleteatro allá tiene "cuotas" de interés y participación étnicos. En cada obra habrá historias de negros, latinos, judíos, indios y orientales, lo mismo que en cualquier aviso publicitario o programa de entrevistas habrá muestras de todas las razas y pueblos. En las novelas se tocará la problemática interna de estos grupos (ya sea romance, progreso, lo que sea), y no gestos políticos de eventual discriminación. Es decir, no se cuenta acá la historia de una chica negra y pobre enamorada de un muchacho blanco y rico, y los problemas que tienen porque las familias se oponen. No. Acá el problema es entre la chica negra y el chico negro, y no se toca el tema del color. De hecho, la democracia está tan establecida en estas novelas que no hay 1 (una) protagonista, ni siquiera 1 (una) historia central. Todo es ecuánime, equitativo, imparcial y neutro.

- Las historias no giran en torno de la diferencia de clase como en los teleatros latinos. Acá no hay pobres. Todas las mujeres trabajan en empresas, visten trajes sastre y blusas de seda y tienen buenos pronósticos de vida. Es raro que a alguien lo despidan del trabajo, Es más frecuente que renuncie y ponga un negocio por su cuenta. En el peor de los casos se suspende a alguien por un tiempo —la recesión, viste— y un tiempo más tarde se lo reincorpora con toda clase de felicitaciones por el coraje mostrado durante la suspensión. Como ya dije, estas novelas no tienen la problemática fatalista y extrema del gótico. Los argumentos suelen tratar acerca de las perradas que se hacen unos a otros, ya sea por amor o interés.

Si bien las novelas tienen cierta ambición sociológica, parece que no prosperan sus intentos de meterse con temas controvertidos, como la homosexualidad, el alcoholismo y otros asuntos de preocupación social. Eso no impide que hayan hecho intentos de incursionar por estos temas y los mantengan mientras la respuesta de los espectadores no manifieste una peligrosa incomodidad. En ese momento desaparecen. Estos son algunos de los asuntos encarados y luego abandonados: drogas, control de la natalidad, inseminación artificial, aborto, impotencia, anorexia y la situación del marido que se queda en casa haciendo la tarea doméstica mientras la mujer sale a trabajar.

• En estas novelas las mujeres son mucho más sexuadas que en las latinas. Acá no usan esos vestiditos floreados y sueltos que disimulan pechos y caderas de la heroína con el criterio del viejo camisón. Las mujeres usan blusas y faldas ajustadas, muestran las piernas, y mantienen mucha actividad en la cama con el pelo perfectamente batido y el maquillaje intacto.

• Las novelas son más planas, más sensatas; para el público latino, se me ocurre, son un poco más aburridas.

Pero para el público de los Estados Unidos estas novelas son el pan de cada día. La importancia que se les asigna es tal que tienen incluso un premio propio, una variante del *Emmy*, el lauro más importante de los programas de televisión. Hay un premio llamado *Daytime Emmy Award*, con su propia fecha de entrega y su propia, candente interna. Detrás de los títulos, que como dijimos, son siempre los mismos desde hace por lo menos veinte años, compiten encabalgadas las cadenas de televisión, ABC, CBS y NBC.

Para tener una idea del impacto de las novelas en el público estadounidense, basta con ver una revista del género, una de las que se venden en los supermercados (o se hojean durante la espera en la fila), una revista como *Soap Opera Digest* (Resumen de las novelas). Además de las notas previsibles, últimas noticias, reportajes a algunas estrellas y pastillas sobre el ambiente de lo que ellos llaman "daytimers" (los diurnos), la revista incluye ratings (en el número de septiembre de 1994 iba primera *Young and Restless* con 7. 5) y novedades en cuanto a la aparición y desaparición de personajes en cada una de las novelas. Hay una sección en la que la revista destaca los hechos o actitudes que le gustaron de todo lo acaecido en la semana anterior: cómo reacciona Monica *(General Hospital)* cuando se entera de que tiene cáncer de mama, y lo bien que actuaron los actores que representaron a los Alden en *Loving (*"¿No fue como para gritar cuando Cooper encontró a Cabot arreglando la freidora durante la cena?"). La revista dedica notas a las intimidades del casting (la selección de un elenco), a las bodas de las novelas y a la comida —un par de actrices con sus recetas y sus fórmulas para mantenerse en forma—. Hay un test de entretenimientos (una selección de diez frases tomadas de otras tantas novelas, y las fotos de diez personajes: hay que adivinar quién dijo qué) y una encuesta entre actores y actrices a quienes se pregunta si volverían a la novela en la que trabajaban. Todos exclaman que sí, que volverían. La sección de preguntas del público es muy elocuente: las mujeres comentan los peinados, las respuestas, las actitudes de sus personajes favoritos y se establece una perfecta confusión entre ficción y realidad. Hay incluso una sección donde la revista propone parejas que "le gustaría" formar.

En resumen, el solo acto de hojear una revista como ésta da una impresión bastante acabada de la presencia de las novelas en la gente, el grado de interés, compromiso y devoción general, siempre dentro del público que las sigue, desde luego.

La bibliografía es inacabable. La seriedad con que se encara el tema es absoluta. En Buenos Aires se proyectan algunas de estas novelas en los canales de cable. No son mis novelas favoritas, pero de todas maneras, Dios bendiga a los canales que se dedican al teleteatro.

3
Tipología,
tipos y tipas

Hay una serie de personajes que con ligerísimas variantes se presentan en todas las novelas, cualquiera sea su argumento. Algunos, los principales, se han desarrollado más arriba: Ella, claro, la heroína, y también la Malvada. Hablamos de Él, pero sólo cuando la protagonista es Ella. Veamos el resto.

• *Él, nuestro héroe*. Cuando el héroe es Él, suele tratarse de un muchacho íntegro y bueno, que ama a su madre y honra a su padre. No es rico en dinero pero tiene el envidiable privilegio de amar su trabajo y vivir con alegría. Tiene una moral incorruptible (el tema de la moral no conoce género en el teleteatro) y una paciencia sin límites para encarar todos los problemas familiares y sentimentales que lo acechan. Es el caso paradigmático de Rolando Rivas, el taxista de Alberto Migré, y el Rafa, de Abel Santa Cruz.

Encarnado por un sex-symbol como Arnaldo André, el héroe es rico, incorregiblemente mujeriego y algo inescrupuloso para los negocios. Pero como vamos a ver en los momentos críticos, en el fondo es bueno.

• *La Aprendiz de Malvada*. Para ser una malvada como Evangelina Vizcaíno (Cadenas de amargura) u Odette Almeida Roitman (*Vale todo*) hay que tomar mucha sopa y hacer la tarea. No cualquiera. En toda novela hay una chica joven que ya está encaminada por la senda de la envidia, la maldad y la traición. Generalmente es bonita. Es la chica con

233

la cual Él se casaría si Ella no se hubiera presentado con sus grandes ojos rasgados y su gesto vulnerable. La aprendiz de malvada suele tener problemas graves como la infertilidad, y a menudo apela a embarazos ficticios para obtener sus propósitos. Es ambiciosa, atributo que en una novela no es precisamente un lauro. Habitualmente se asocia con La Malvada, sigue sus consejos y aprende de ella. En *La dueña* es María Eugenia, que se asocia con Purificación Burgos (la Malvada, madre de Mauricio) para sacar de en medio a Adriana y casarse con Él. La más extraordinaria aprendiz de malvada, sin duda alguna, es Fátíma (*Vale todo*), que sería una malvada hecha y derecha en cualquier novela, de no haber tenido en su horizonte al metro patrón de las Malvadas que es Odette. En este caso también, Fátima se asocia con Odette (madre de Alfonso) para sacar de en medio a Solange y casarse con Él.

• *La segunda madre*. Este personaje ya fue mencionado en otras oportunidades. Es la persona, generalmente una criada, pero a veces una comadrona, o alguien así, que rescata a la criatura de una muerte segura, cuando de recién nacida la abandonan a su suerte en el bosque, o cuando directamente la mandan matar. La vieja Domitila rescata y cría a Topacio cuando prácticamente tiran a la niña a la basura por ser enfermucha, ciega y mujer. O Matilde, la negra que rescata al bebé de su "niña María Elena", en *El derecho de nacer*, cuando el padre de Ella manda a un criado a matar a su nieto. La negra Matilde convence al criado que ya está con el machete en alto, y se lleva al niño. En La dueño, la segunda madre de Adriana es Elvira, también una vieja criada de fidelidad y amor ilimitados, la única que nunca cree los infundios que se dicen de Ella, que rechaza la idea de su muerte, que espera y espera porque su corazón le dice que está viva.

• *La sirvienta*. Toda Malvada tiene una sirvienta que le es fiel a pesar de todo. Ella conoce sus secretos: por lo general no los aprueba, pero no hay nada que pueda hacer. La sirvienta y la Malvada tienen por lo visto un pacto de acero. La sirvienta es depositaria de sus confidencias y también de sus maltratos. Cuando a la Malvada le llegue la hora de la caída, cuando comiencen sus problemas, sólo la sirvienta va a quedar a su lado, o al menos va a ser la última en irse. Un detalle: no sabemos cuánto gana esta sirvienta porque en las novelas jamás se habla de dinero. Es decir, no se habla de dinero a menos que se trate de las grandes fortunas que se amasan durante generaciones y se pierden en un periquete. A veces sabemos que la Malvada está en problemas, que ya no tiene dinero, que le embargaron la casa, que perdió todos sus negocios. Pero aun así la sirvienta se queda. Igual que el mayordomo, el chofer y la mucama.

• *La mucama*. A diferencia de la Sirvienta, que por lo general tiene sus años, la mucama es joven, divertida y maledicente. No tiene compromisos éticos con nadie en la familia, habla demasiado, hace comentarios inconvenientes y suele ser la primera en simpatizar con Ella, cuando Ella entra en la casa y todos los demás le son hostiles, antes de que se case con Él y se convierta en la dueña de todo, ciento ochenta y tres capítulos más tarde.

• *El buen muchacho*. Cuando las cosas se vuelven en contra de los enamorados, cuando el Destino los abofetea con sus horribles jugarretas, es decir todo el tiempo, hay un "buen muchacho" que está enamorado de Ella sin remedio y que nunca va a perder las esperanzas de conseguir su amor. Pobrecito. Es un pibe irreprochable, generalmente es abogado o médico, tiene dinero y es buenísimo. Demás está decir que nunca va a lograr su propósito; su misma solidez y su incondicionalidad lo ponen en las antípodas de lo apetecible. Él pertenece a la categoría que Milan Kundera, en *su Libro de la Risa y el Olvido* denomina "adoradores de las mujeres, llamados también poetas" en contraposición a la otra categoría, de los "misóginos, o mejor dicho ginófobos". Dice Kundera que "el adorador o poeta es capaz de darle a la mujer el drama, la pasión y el llanto, pero jamás ninguna satisfacción. No os olvidéis de una cosa" concluye, "la mujer sólo puede ser feliz con un misógino".

- *El ama de casa infeliz*. En toda novela, ubicada en los lugares más diversos según el caso, hay una mujer casada insatisfecha. Es la que dejó una carrera en el camino, o le pesan los hijos, o se queja porque el marido no está nunca. Este personaje no tiene una calificación moral fija, pero se inclina peligrosamente hacia el Mal. Lo más probable es que cerca del final de la novela se arrepienta de sus ambiciones extramatrimoniales y redescubra los placeres del hogar.

- *El ama de casa feliz*. En toda novela, ubicada en los lugares más diversos según el caso, hay una mujer casada satisfecha. Ésta va a sentirse a sus anchas en la cocina, es de las que preparan todo en casa y hacen una torta para que los chicos tengan a la hora de la leche. Su bondad no tiene límites; es comprensiva cuando todo el barrio habla mal de una vecina y protege con generosidad a hijos propios y ajenos, Es probable que hacia el final de la novela el Destino la premie de alguna manera, que se gane la lotería o algo por el estilo.

Palabras finales

En Venezuela llaman "culebrón" a la novela. Es una de esas palabras que suenan bien en Venezuela pero en la Argentina, no sé por qué, tienen un dejo sutil de aquel viejo desdén. No me imagino a Alberto Migré hablando de "culebrones", ni a Nené Cascallar, la decana, la autora de piezas históricas como *Cuatro hombres para Eva*.

El cable, el satélite, las autopistas informáticas, la tecnología lanzada al viento como un caballo desbocado, han convertido el mundo, ya sabemos, en un Aleph parecido al que vio Borges en ese sótano de la calle Garay, el día en que Beatriz Viterbo murió. Ahora todos sabemos todo lo que pasa en cualquier parte del mundo, lo vemos en la televisión. También vemos las novelas que se hacen en otras partes del mundo y nos enteramos de que las llaman culebrones. La palabra tiene el ritmo natural de Venezuela pero en el Río de la Plata la cosa es diferente, así como la cumbia en una playa de Colombia suena diferente que en una bailanta de Sarandí.

Dicen que a los teleteatros los llaman culebrones por lo largos y enroscados. Yo los llamo novelas. Como Fidel Castro, que hacia el final de uno de sus largos discursos al pueblo cubano, se despidió de todos más temprano porque, dijo, se acercaba la hora de la novela (era *La esclava,* todos entregados, con el presidente a la cabeza). Cuba entera, como Brasil, y últimamente muchas ciudades de Italia, Japón, Turquía Grecia, España, Israel, Alemania y la República Arabe Unida, a la hora de la novela dejan todo lo que puede esperar.

Y todo puede esperar.

Un espectáculo capaz de paralizar ciudades enteras merece respeto.

En el artículo publicado en la revista The New Yorker, el 16 de agosto de 1993, que mencioné más arriba, Alma Guillermoprieto hace un análisis muy serio de este fenómeno: dice que los brasileños descubrieron la "realidad virtual" hace años, a través de la relación establecida con las novelas. La nota analiza un episodio policial muy sonado, en el que Daniela Pérez, una actriz de teleteatro fue asesinada, aparentemente por otro actor, Ghillerme de Padua, su compañero de rubro. Ambos representaban a Yasmin y Bira en la novela de TV Globo que se proyectaba por ese entonces, llamada *Cuerpo y alma*. El eje del artículo gira en torno del hecho de que este crimen se cometió el mismo día en que Fernando Collor de Mello se vio obligado a dejar la presidencia de Brasil, impugnado por el Congreso y acusado de toda clase de crímenes políticos. Y analiza cómo en ese momento relevante de la historia del país el interés y la pasión del pueblo brasileño estuvieron claramente comprometidos con el asesinato de Yasmin/Daniela, que les afectaba mucho más que el juicio político y la renuncia del presidente, aunque fuera un episodio del todo inédito en la historia de Brasil.

En los últimos tiempos, con la prosperidad de las telenovelas, los críticos y analistas académicos comienzan a prestarle atención al género y a escribir incontables artículos, libros y ensayos. Se ofrece toda clase de explicaciones con la intención de comprender este fervor ahora internacional.

Yo tampoco me privé de ofrecer explicaciones, como se puede ver, pero con una diferencia. Yo amo el teleteatro. No como un vicio secreto y un poquito sucio, que es el tono con que mucha gente admite su interés en el género. Yo amo el teleteatro porque sí. Porque es la clase de género que ya no necesita justificación, ni explicación ni pretextos.

Porque las novelas trabajan con una mercadería que la sociedad actual considera obsoleta e intenta discontinuar. La mercadería a la que me refiero son los sentimientos.

Y los sentimientos no se dejan patotear. Primero cultivaron su pequeño jardín en un lugar que parecía perfectamente inofensivo: el comedor diario de la casa a la hora de la siesta. Los niños en la escuela, el hombre en el trabajo, el bebé dormido en la cuna. Es un momento de mágica paz, intimidad y sueños. En la casa se huele el perfume de almidón que los guardapolvos despiden bajo la plancha, y se oye el susurro del televisor, donde Ella llora mansamente.

Los sentimientos no se dejan patotear.

Salen de su escondite cuando empieza la novela; entonces te envuelve la tibieza, una rara forma de seguridad. Estás en el borde de una vigilia alternativa. A veces el sólo timbre de una melodía te hace llorar.

Llorar, llorar, qué felicidad.

Llorar, y no de rabia.

Llorar, y no de impotencia.

Llorar porque sí, por la memoria de emociones secretas. Por las pulsiones de la sangre. Porque extrañas a tu madre. Porque todo está bien pero igual necesitas consuelo.

La novela se convirtió en ese lugar privado del que burlarse parecía lo más fácil del mundo. Y sin embargo, fuera del control de los semiólogos y contra todas las teorías intelectuales protectoras de la mujer y las masas desposeídas, el teleteatro se deslizó primero al horario nocturno, y desde ahí levantó un vuelo satelital al mundo.

Mientras nosotros discutimos acá, los productores de teleteatros se reúnen en grandes ferias en Las Vegas y otras ciudades para vender sus piezas a cadenas de televisión de todas partes del mundo. Son piezas de ciento ochenta o doscientos capítulos, que se cobran por capítulo. Es un negocio tan grande que no se puede calcular y sus protagonistas prefieren no dar cifras ni detalles. A quién le importa. Es mucho dinero. Y se gana con un producto latinoamericano que el mundo entero desea con avidez y consume golosamente.

Las novelas no se fijan en lo que escriben jóvenes periodistas proclives a los adjetivos sofisticados. Siguen su camino, y por momentos son capaces de la literatura más gentil. Sus personajes dicen, por ejemplo:

• Déjame llorar cuanto quiera. Al menos mi llanto es mío. (Lo dice María, en Pantanal, al bruto de su marido, cuando se entera de que él tiene otra mujer y otros hijos en San Pablo.)

• Yo no tengo que hacer nada para que me quieran. (Extraordinaria afirmación, más eficiente tal vez que muchos años de psicoanálisis. Lo dice la niña enamorada de Alberto — Albertico—, en *El derecho de nacer*, cuando su amiga, que había sido la novia de Él, la acusa de haber "hecho cosas" para conquistarlo.)

• El castigo eres tú. (Lo dice Adriana, en *La dueña, a* una de las mujeres confabuladas en su encierro, que ahora busca consuelo y olvido en un convento.)

• Contigo *cada* día es un estreno. (Él a Ella en *El paseo de la Gracia de Dios.*)

• Que tus hijos se vuelvan en tu contra y se sequen tus cosechas. *(*Parte de una extensa maldición en *Enamorados.)*

Textos como éstos no necesitan de la condescendencia de nadie. Y ahora me voy, lo mismo que Fidel, porque ya empieza la novela. Y lo que es más, hoy termina.

Ella se había prometido a sí misma reivindicación y venganza de todas las maneras posibles. Sin embargo, cuando se encuentra frente a Él no puede negar la verdad que le grita su corazón: lo ama. Todavía lo ama. (Él está fuerte, la verdad, en un estilo macizo y venezolano.)
Ella ha regresado a Caracas como un Angel Exterminador. Tiene un vestido de tafetas rojo sangre, el bastón aferrado con la mano tiesa, una misteriosa media sonrisa... y cien millones de dólares. Ni uno menos.
Con esas armas consiguió: a) el suicidio de Asunción (la que se ahorcó en el convento); b) envejecimiento repentino y paraplejia de Purificación Burgos, la Malvada; c) la quie-

bra económica de Manuel Antonio (marido de Purificación, banquero, pobrecito, un tarado); d) exilio de Concepción, la cuñada de Él, con quien éste tuvo amores clandestinos y desesperados; e) destrucción de la carrera política de Alejandro Telles, al descubrirse públicamente la existencia de un hijo bastardo que tuvo con Purificación, al que enterró vivo de recién nacido (pero un hombre bueno que vio todo por la ventana corrió, lo salvó y lo crió como propio). O Al hombre que dirigía el manicomio, el más malo del mundo, lo encierra en un calabozo oscuro y lo deja a merced de las mismas locas a las que antes había atormentado. No dura ni diez minutos con vida.

El mecanismo utilizado para quebrantar el banco de Manuel Antonio no quedó demasiado claro. Ella le tendió una trampa financiera con una inversión millonaria, pero no se vio exactamente cómo terminó la operación. No importa. Nos basta saber que perdió todo y le van a embargar la casa.

Igual que el Conde de Montecristo, descargó su ira helada sobre quienes la encerraron por haber cometido el peor de los pecados que Ella podía cometer: era joven y bella. Era honrada. Era buena.

Lo mismo que el Conde de Montecristo, no es feliz. La venganza no llena su corazón. Se siente vacía y seca. Lo ama. Y Él, que está muerto por Ella ¿qué creen? le dice que no puede estar con Ella porque ama a otra. ¡A Adriana! Él no sabe que Ella es Adriana. Mauricio compró la nueva identidad de Ximena Sáenz, y todavía no registró que es Adriana. Todos le gritamos desde el comedor, desde el living, desde la cocina: ¡Es Adriana, tarado! ¡Es Ella! ¿No te das cuenta?

Pero Él se arranca las charreteras de su uniforme de general. No se lo merece. Está destruido por la culpa. Fue un idiota en dejarse engañar por todos, por caer en la trampa de su familia, de su madre, su suegro, su esposa, su cuñada, su superior en el ejército, todos, todos se confabularon para engañarlo...

Por fin, cuando la cosa ya no da para más, se da cuenta de que Ella es efectivamente Adriana. La cortina musical que ya llevamos en la sangre sube a todo volumen y ellos se besan con pasión. Deciden irse, a empezar de nuevo, a ser felices.

Pero a último momento Él cambia de idea. Sigue atormentado por la culpa. No siente respeto por sí mismo. "No puedo vivir de un perdón". Tiene razón, la verdad. Ella lo ama pero todavía está un poquito envenenada por los años de encierro y todo lo demás.

Bueno, hay que tener paciencia. Él le dice que le dé tiempo. Ella le dice que no se demore. Se separan con lágrimas en los ojos. Pero Ella es feliz. Se va a la playa. Arroja el bastón, ya puede caminar libremente. Es más, corre. Corre por la playa. Corre hacia un futuro lleno de prodigios.

Bibliografía

GERMAIN BAZIN, *Historia del arte*. Ediciones Omega, Barcelona, 1961.

SUSAN FALUDI, *Reacción, la guerra no declarada contra la mujer moderna*. Planeta, Buenos Aires, 1992.

ROSEMARY JACKSON, *Fantasy, literatura y subversión*. Catálogos, Buenos Aires, 1986.

MARILYN J. MATELSKI, *The Soap Opera Evolution*, McFarland & Company, Inc. Publishers, Jefferson, N. C. 1988.

NORA MAZZIOTTI, *El espectáculo de la pasión*. Ediciones Colihue, Buenos Aires, 1993.

BEATRIZ SARLO, *El imperio de los sentimientos*. Catálogos, Buenos Aires, 1985.

LIONELLO VENTURI, *Historia de la crítica de arte*. Editorial Poseidón, Buenos Aires, 1949.

Indice

PRIMERA PARTE

SEGUNDA PARTE

TERCERA PARTE